KB125120

10대와
통하는
스포츠
이야기

10대와 통하는 스포츠 이야기

제1판 제1쇄 발행일 2019년 5월 31일
제1판 제15쇄 발행일 2024년 10월 16일

글 _ 탁민혁, 김윤진
기획 _ 책도둑(박정훈, 박정식, 김민호)
디자인 _ 서채홍
펴낸이 _ 김은지
펴낸곳 _ 철수와영희
등록번호 _ 제319-2005-42호
주소 _ 서울시 마포구 월드컵로 65, 302호(망원동, 양경회관)
전화 _ (02) 332-0815
팩스 _ (02) 6003-1958
전자우편 _ chulsu815@hanmail.net

ⓒ 탁민혁, 김윤진 2019

ISBN 979-11-88215-23-2 43690

철수와영희 출판사는 '어린이' 철수와 영희, '어른' 철수와 영희에게
도움 되는 책을 펴내기 위해 노력합니다.

10대와 통하는

스포츠 이야기

스포츠를 통해 보는 세상

글 탁민혁, 김윤진

철수와영희

몸도 튼튼, 마음도 튼튼

혹시 강아지를 데리고 산책해 본 적 있어요? 데리고 나가려고 목줄만 채우려고 해도 강아지는 벌써 신나서 꼬리를 흔들어요. 어쩌다 산책을 못 가는 날에는 괜히 시무룩해 보이기도 하지요. 어쩌면 운동은 동물의 본능인지도 몰라요. 생명을 갖고, 움직이고, 서로 마음을 나누는 동물은 아무 이유 없이 그냥 함께 뛰어놀아야 행복해지는 거 같아요.

사람도 동물이니까 뛰어놀고 뒹굴고 어울려야 신이 나요. 그런데 사람들은 역사 속에서 어떻게 놀지를 고민하다가 조금 더 정교한 놀이 규칙을 만들었어요. 그게 스포츠예요. 돼지 오줌보로 만든 공을 차다 축구 경기를 만들었고, 물속에서 어울려 놀다가 수영을 시작했어요. 스포츠는 다 큰 어른이 되어서도 어린이의 마음으로 놀고 싶은 사람들이 만든 '인류의 발명품'인지도 몰라요. 스포츠를 하는 동안은 세상 걱정 없이 경기에만 집중할 수 있으니까요. 신나는 인생을 살기 위해서 여러분도 좋아하는 스포츠를 찾아 배우고 즐겼으면 좋겠어요.

그런데 스포츠를 즐기기에 만만치 않은 세상이에요. 많은 사람들이 '공부', '일'은 중요하게 여기면서 놀이와 스포츠는 '쓸데없는 거'라고 생각하거든요. '쓸데없어서' 재미있는 게 놀이와 스포츠인데, 그걸 모르고 하는 얘기인 거죠. 또 어떤 어른들은 스포츠를 배우면 공부도 잘할 수 있고, 더 착한 어린이가 될 수 있다고 말해요. 여전히 '쓸데없이 그냥 노는 것'이 뭔지 잘 모르기 때문에 하는 소리 같아요. 스포츠의 가치는 그냥 함께 즐기는 건데, 자꾸 듣기 좋은 말로 꾸미려고 해요.

더군다나 우리에게는 스포츠를 제대로 누릴 수 있는 기회가 많지 않아요. 그 대신 스포츠를 볼 기회가 너무 많지요. 텔레비전과 인터넷에서는 하루 24시간, 1년 365일 내내 전 세계의 스포츠 리그 소식이 들려와요. 4년마다 여름 올림픽과 패럴림픽이 찾아오고 그 중간에는 겨울 올림픽과 패럴림픽, 축구 월드컵, 아시안 게임이 열리지요. 스포츠의 홍수 속에서 살고 있다고 해도 과언이 아닐 거예요.

이런 세상에서 우리가 스포츠를 즐기는 주인이 되기는 어려워요. 우리가 원하는 대로 스포츠를 즐길 수 있는 게 아니라, 올림픽 경기, 스포츠 중계방송, 스포츠 광고가 말해 주는 대로 스포츠를 '소비'하기 쉬워요. 아무 이유 없이 함께 뛰어놀고 뒹굴어야 신나고 행복해지는데, 오늘날 '보는 스포츠'는 불필요하게 거창한 의미를 부여해서 사람들을 자극해요. 어떤 나라가 스포츠를 잘하는지, 어떤 게 남자다운 모습이고 여자다운 역할인지, 어떤 몸이 아름다운 몸인지에 대한 생각 같은 거 말이에요. 이런 방식으로 스포츠를 자꾸 보다 보면 우리도 모르는 사이 그런 눈으로 세상을 보게 돼요.

그래서 스포츠를 제대로 즐기기 위해서는 무엇보다 먼저 스포츠를 보는 눈을 키울 필요가 있어요. 스포츠가 뭔지, 어떻게 발전해 왔는지, 세상의 다른 거창한 얘기들과 무슨 상관이 있는지를 생각하다 보면 여러 가지 지혜도 얻을 수 있어요.

다행인 건, 스포츠의 모습이 계속 변해 왔다는 거예요. 규칙도, 기술도, 문화도 변해 왔어요. 그중에서는 분명 우리한테 좋은 변화도 있어요. 예전과 달리 멀리 떨어진 곳에서 일어나는 경기도 볼 수 있고, 편견과 차별이 사라져서 더 많은 사람들이 스포츠에 참여하고 있으니까요. 그러니까 우리들이 어떻게 하느냐에 따라서 우리들 스스로, 우리가 즐기기에 적절한 모습으로 스포츠를 가꾸어 갈 수도 있다는 얘기예요.

이 책은 우리가 스포츠를 즐기는 주인이 되기 위해 생각해 봐야 할 이야기들로 꾸며졌어요. 당연하게 여기고 지나칠 수 있는 모습에 대해 '잠깐만!' 하고 생각해 봐요. 스포츠를 통해 진솔한 삶과 지혜를 배우되, 화려함 뒤에 은근히 자리하고 있는 차별, 편견에 대해서는 비판적으로 생각해 봐요.

여기에 실린 이야기들은 2013년 말부터 약 5년 반 동안 어린이 교양지 〈고래가 그랬어〉에 연재되었던 '몸 튼튼 마음 튼튼'의 원고를 바탕으로 했어요. 긴 시간 동안 함께 이야기를 들어 주고 응원해 준 고래 동무들에게 특별한 감사의 말을 전하고 싶어요. 그리고 이 글을 읽는 모든 독자들이 스포츠와 놀이를 통해 매일매일 몸도 튼튼, 마음 도 튼튼한 인생을 즐기길 빌어요!

민혁 삼촌과 윤진 이모가.

차례

머리말 몸도 튼튼, 마음도 튼튼 4

1장. 올림픽의 여러 가지 얼굴들

올림픽에서 겨뤄 보고 싶은 우리들의 경기 15
올림픽 순위는 누가 정할까? 18
스노보드는 겨울 올림픽의 불청객? 22
올림픽의 후반전 패럴림픽 대회 25
두 얼굴의 올림픽 28
금메달보다 소중한 것 32

2장. 누구의 것도 아닌 지구인 모두의 스포츠

왜 한국은 야구를 하고, 인도는 크리켓을 할까? 39
두 개의 문화, 하나의 럭비 43
'태권도'라는 이름은 어떻게 탄생했을까? 47
두 개의 태권도 - WT와 ITF 50
스포츠 선수 해외 진출 - 손흥민, 콩 푸엉 선수는 이주 노동자 54

3장. 국가와 스포츠

누군가를 대표한다는 것 59
국기에 대한 경례를 거부한 미식축구 선수들 63
다양성을 대표하는 '국가 대표' 68
영국은 왜 네 개의 팀이 월드컵 축구 대회에 출전할까? 71

4장. 스포츠 속의 불평등과 저항

육상 경기에는 왜 흑인 선수들이 많을까? 79
대륙을 건넌 제라드의 꿈 82
전설의 복서 무함마드 알리 85
금지된 골 세리머니 90
잘할 때는 '우리', 못할 때는 '남'?
– 프랑스 축구 대표 팀의 이민자 선수들 94

5장. 운동선수 – 노동하고 경쟁하고 협동하는 사람들

노동하는 올림픽 선수들 99
경쟁과 공존 – 라이벌의 겉과 속 102
스타와 팬은 친구가 될 수 있을까? 106
벤치를 지키는 사람들 108
잘하든 못하든 행복한 나! 111

6장. 운동하는 데 성별이 왜 중요해?

실력으로 평가하면 안 되겠니? 117
여자들은 운동을 못한다고? 121
"여자라서 안 된다고?!" - 마라톤의 역사를 바꾼 사진 한 장 124
역사상 가장 당찬 세리머니 128
테니스와 기사도 정신 132
무지갯빛 프라이드 하우스 135

7장. 현대 스포츠의 이모저모

변해 가는 스포츠 경기의 규칙들 141
틀에 박힌 건 싫어요! - 돌연변이들이 탄생시킨 스포츠 경기 145
바둑은 스포츠일까? 148
묘약과 독약 152
프로와 아마추어 155
사륜마차와 기차, 코치와 트레이너 159

8장. 방송과 광고로 만들어진 스포츠

소리를 꺼 놓고 중계방송을 본다면? 165
스포츠 중계방송을 볼 권리, 안 봐도 될 권리 169
"거울아 거울아, 누가 제일 예쁘니?" 172
이미지를 만들어 파는 스포츠 브랜드 ①
 - 나이키가 말하는 건강한 생활 방식 175
이미지를 만들어 파는 스포츠 브랜드 ②
 - 언더아머가 말하는 애국심 179

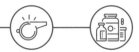

9장. 스포츠 경기의 비밀과 지혜

우사인 볼트가 맨발로 달린다면 185
장거리 경주의 매력 189
눈에 보이는 게 전부가 아니야 192
'운동 신경'이 좋은 사람은 뭐가 다를까? 196
기술 혁신과 기술 도핑 199
운동선수가 되려면 봄에 태어나라(?) 203
휴식이 필요해! – 인내와 무리 사이 206

10장. 모두를 위한 스포츠

오른손잡이들의 세상, 왼손잡이들의 활약 211
'말하지 않아도 알아' – 동물과 함께하는 스포츠 214
어느 할머니의 골프 이야기 218
네트볼 – 여성들만의 스포츠에서 모두를 위한 스포츠로 221
웸블리와 동대문운동장 225
인생은 리그처럼! 229

참고 문헌 232

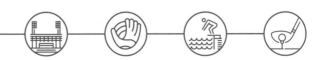

1장

올림픽의
여러 가지 얼굴들

올림픽과 패럴림픽은 지구촌의 체육 대회예요. 2년마다 여름/겨울 대회가 번갈아 가며 열려요. 세계 곳곳에서 온 선수들이 함께 어울리는 흥겨운 잔치 마당이랍니다.

하지만 점차 대회 규모가 커지면서 올림픽은 '평화'와 '공존'이 아니라, '돈'과 '명예'를 위한 행사가 되어 버렸어요. 올림픽을 치르느라 빚을 지는 도시가 생겨나요. 올림픽을 활용해 투기를 하는 사람이 있는가 하면, 어떤 사람은 집을 잃기도 해요. 경기장 건설 때문에 환경을 파괴하기도 하고요. 어떤 나라들은 높은 순위에 혈안이 되어 어린 선수들을 선발해 무리한 훈련을 시키기도 하죠. 장애인 선수들이 겨루는 패럴림픽은 올림픽과 함께 열리지만 늘 찬밥 신세고요.

그런데 역사 속에서 올림픽과 패럴림픽은 늘 변해 왔어요. 어떤 종목이 포함되고, 누가 참가할지, 어떻게 치를지 등등 말이에요. 그러니까 앞으로 우리는 올림픽과 패럴림픽 대회를 '평화'와 '공존'을 위한 잔치로 가꾸어 갈 수도 있을 거예요.

올림픽에서 겨뤄 보고 싶은
우리들의 경기

만약 올림픽 정식 종목을 선택할 자격이 주어진다면 어떤 경기를 고를래요? 딱지치기는 어때요? 술래잡기나 새총 쏘기, 말뚝박기를 겨루면 올림픽 메달리스트가 될 수 있지 않을까요? 이런 얘기가 우스꽝스럽게 들리겠지만, 사실 옛날 올림픽 경기에서는 그보다 더 우스운 종목들도 많았다는 사실, 혹시 알고 있었나요?

1896년 제1회 올림픽이 열린 아테네에서는 타잔처럼 약 14미터 길이의 줄을 가장 빨리 올라가는 '줄타기' 경기가 열렸어요. 관중들에게 인기가 많아서 1932년 로스앤젤레스 올림픽까지 계속 열렸대요. 만약 여러분이 이 경기에 참가했다면 우승자가 나왔을 수도 있었겠지요? 1900년 파리에서 열린 올림픽에서는 '잠수' 경기도 있었어요. 물속에서 숨을 오래 참고 멀리까지 가는 선수가 우승을 하는 경기였지요. 그런데 위험하고 인기가 없어서 딱 한 번만 열리고 사라지고 말았대요. 총을 쏴 비둘기를 맞히는 경기도 있었어요. 하지만 끔찍하게도 이 경기 때문에 300마리 정도의 비둘기가 죽었어요. 지금이었다면 동물 학대라서 생각조차 할 수 없었을 거예요. 하지만 그땐 21마리의 비둘기를 총으로 잡은 선수가 우승을 차지했어요. 지금도 학교 체육 대회에서 빠지지 않는 '줄다리기' 역시 1900년 파리 올림픽부터 1920년의 앤트워프 올림픽까지 인기 있는 올림픽 종목이었어요.

모두 다 100년 전쯤의 이야기니까 '옛날 어른들이 유치한 놀이를 많이 해서 그런가 보다'라고 생각할 수 있을 거예요. 하지만 그건 요즘 열리는 올림픽도 마찬가지예요. 우리가 동네에서 하는 놀이와 비슷한 경기들도 많이 포함하고 있으니까요. 2018년 평창 동계 올림픽에서 한국 여자팀이 은메달을 딴 '컬링' 경기 지켜봤지요? 평평한 얼

스톡홀름 올림픽 당시 줄다리기 경기 모습(1912년).

음 위에 손잡이가 있는 납작하고 둥근 돌을 미끄러뜨려서, 정확하게 목표 지점에 도착하도록 하는 경기 말이에요. 구슬치기 놀이랑 비슷한 거 같은데 여러분이 보기엔 어때요?

올림픽이나 텔레비전에 나오는 경기만 보고 즐기다 보면, 달리기, 수영, 축구, 태권도 같은 종목만 스포츠라고 생각하기 쉬워요. 그리고 그런 종목들을 잘해야지만 운동을 잘하는 거라고 생각할 수도 있고요. 하지만 올림픽에는 여러 가지 종목이 새로 생기고 또 사라져요. 그래서 어떤 종목들만 스포츠라고 딱 잘라 말할 수는 없어요. 지금 동네 놀이터에서, 또는 학교 운동장에서 재미있게 즐기고 있는 우리들의 놀이도 올림픽 종목이 되지 말란 법도 없으니까요!

올림픽 종목은 매회 올림픽이 열리기 7년 전에 올림픽을 주관하는 국제올림픽위원회 IOC의 회의에서 결정해요. 2020년 도쿄 올림픽 대회 종목은 이미 결정됐겠지요? 어떤 종목들이 포함되었는지 한번 살펴보는 건 어떨까요? 그리고 여러분이 모두 어른이 되어 있을 2028년과 2032년 올림픽을 상상해 봐요. 거기에 어떤 스포츠나 놀이, 게임이 포함될지 친구들과 얘기해 보면 재미있겠지요?

올림픽 순위는
누가 정할까?

　많은 사람들은 한국이 '스포츠 강국'라고 생각해요. 1988년 서울 올림픽에서 4위를 한 이래로 줄곧 10위 안팎을 차지했기 때문이죠. 올림픽에는 보통 160개 이상의 나라가 참가한다고 하니, 그렇게 생각할 수도 있어요. 그런데 사실, 올림픽 대회에서는 공식적인 나라별 종합 등수가 없다는 거 알아요? 물론 국제올림픽위원회IOC는 각 경기에서 우승자를 가리고 등수를 매겨요. 하지만 나라별 순위를 정하지는 않거든요. 올림픽 헌장에 나와 있듯이, "올림픽은 국가 간의 경쟁이 아니라 선수 개인 또는 팀 사이의 경쟁"이기 때문이에요.

　그럼 메달 수를 집계해서 나라별 순위를 따지는 것은 누구일까요? 그건 바로 텔레비전 방송사나 신문사 같은 언론이에요. 방송사나 신문사는 언제나 스포츠에서 흥미로운 경쟁 관계를 만들려고 노력하거든요. 사람들이 올림픽에 관심을 가져서, 스포츠 중계를 더 많이 보고 신문을 더 많이 사야 돈을 버니까요. 예전에 한국의 김연아 선수와 일본의 아사다 마오 선수가 은퇴하기 전, 이 둘을 항상 비교하는 방송을 내보냈던 것도 바로 그런 이유예요. 그냥 김연아 선수의

서울 올림픽 마스코트 호돌이를 담은 기념 포스터(1988년).

연기 그 자체만 보는 것보다, '일본 선수인 아사다 마오 선수를 꼭 이겨야 해'라는 마음으로 볼 때 경기가 더 흥미로워진다고 생각해서 그랬겠죠?

언론사들은 금메달을 중심으로 나라별 등수를 매겨요. 아무리 많은 은메달과 동메달을 따더라도, 금메달 수가 적으면 순위가 낮아지죠. 은메달이나 동메달보다 금메달의 가치를 훨씬 높게 매기는 거예요. 그렇다 보니 한국의 경우 올림픽에서 은메달이나 동메달을 딴 선수들이 기뻐하기보다는, 분하고 속상해하는 모습을 자주 볼 수 있어요. 심지어 언론사들이 동메달을 딴 선수들은 인터뷰도 안 하는 경우도 있고요. 사실 세계에서 2위나 3위를 한다는 것도 대단한 일인데, 꼭 금메달하고 비교를 하니까 그런 거 아니겠어요?

하지만 세계의 모든 언론이 이런 식으로 메달 집계를 하는 건 아니에요. 그 예로 미국의 유에스에이 투데이 USA Today 와 이에스피엔 ESPN 그리고 캐나다 대부분의 언론사는 메달의 색깔과 관계없이 전체 메달 수를 가지고 순위를 계산해요. 금·은·동의 가치에 차이를 두지 않는 거지요. 그러면 금메달을 딴 선수나 은메달을 딴 선수나 모두가 똑같이 최선을 다한 선수로 박수를 받을 수 있겠지요?

언론사들이 순위를 내는 방식은 우리의 관심을 특정 방향으로 유도해요. 나라별 순위를 강조하니까, '우리나라 선수가 다른 나라 선수를 이기고', '다른 나라보다 높은 금메달 시상대 위에 올라가서', '우리나라가 다른 나라보다 더 우수하다'는 걸 증명하는 데만 관심을 갖게 될 수도 있어요. 한명 한명의 선수들이 오랜 훈련을 통해 보여 주는 아름다운 움직임과 투지, 번뜩이는 기지 등은 제쳐 두고 말이죠.

태권도 세계 랭킹 1위인 이대훈 선수 알아요? 이 선수는 수차례 세계 선수권을 제패했지만 올림픽 우승과는 인연이 없었어요. 2012년 런던 올림픽 은메달에 이어 2016년 리우 올림픽에서도 동메달을 땄지요. 보는 사람들조차 큰 아쉬움을 느끼고 있을 때 이대훈 선수는 "메달이 전부가 아니"라고, "진심으로 경기를 즐겼다"고 말했어요. 경기에서 지고 나서도 해맑고 당당한 이대훈 선수의 모습에 경기를 지켜본 팬들도 기분이 좋아졌어요. 그동안 언론에서 그토록 강조하던 등수나 애국심과 같은 무거운 짐을 함께 내려놓을 수 있었기 때문 아닐까요?

스노보드는
겨울 올림픽의 불청객?

　2018년 강원도 평창에서 열렸던 겨울 올림픽 대회, 여러분도 즐겨 보았나요? 평창 대회에서 만났던 총 15가지 종목 중 유난히 젊은이들에게 인기가 많은 종목이 있었어요. 눈 위에서 서커스 하듯 곡예를 부리는가 하면, 알록달록한 화려한 의상이 눈에 쏙 들어오는 종목, 바로 스노보드예요! 그런데 1990년대까지만 하더라도 겨울 올림픽 대회에서 스노보드 경기를 볼 수 있을 거라 생각한 사람은 드물었답니다. 왜냐고요? 스노보드는 한때 스키장의 '불청객'으로 통했거든요.

　바로 스키와 다른 '자유분방함' 때문이었어요. 스키는 스노보드보다 일찍 앞서 스포츠의 모습을 갖추었어요. 경사가 가파른 슬로프를 내려오다 보면 부딪치고 넘어지는 사고가 있을 수 있으니, 엄격한 에티켓도 함께 발달했고요. 교통 법규처럼 서로를 배려하는 규칙이 필요했던 거예요. 그런데 1960~70년대 즈음 젊은이들을 중심으로 인기를 얻기 시작한 스노보드는 스키와는 사뭇 달랐어요. 점잖게 슬로프를 내려오는 스키의 전통과 규칙을 비웃기라도 하듯 묘기를 부리고 모험을 즐겼어요. 그래서 스키를 타는 '스키어skier'들은 스노보드를 철없는 아이들이나 타는 것으로 여겼대요. 도시 곳곳에서 헐렁한 옷차림으로 묘기를 부리던 골칫덩어리들이 이제는 스키장에까지 나타나 말썽을 부린다고 생각했던 거지요.

그런데 국제올림픽위원회는 이런 스노보드를 눈여겨보고 있었어요. 요즘 젊은 사람들이 올림픽에 별 관심이 없다는 걸 걱정하고 있었거든요. 예전처럼 인기를 얻으려면 스노보드처럼 젊은이들이 좋아하는 종목을 올림픽에 포함시켜야겠다고 생각했어요. 그 결과, 국제올림픽위원회는 1998년 나가노 겨울 올림픽부터 스노보드를 정식 종목에 포함시키기로 결정했답니다.

하지만 이 결정은 환영받지 못했어요. 우선, 스노보드를 사랑하는 젊은이들의 반대가 심했어요. 재미와 자유로움을 추구하는 스노보드가 국가 간 경쟁과 메달 수로 평가받는 올림픽에 포함되는 게 탐탁지 않았던 거예요. 전통적인 올림픽 지지자들 또한 시큰둥한 반응을 보였어요. 안전 규칙도 제대로 안 지키고 제멋대로인 녀석들과 어떻게 품격 있는 올림픽 무대에서 함께 어울릴 수 있냐며 말이죠.

그런데 스노보드의 화려한 기술과 묘기가 텔레비전 화면을 통해 알려지자, 곧 큰 인기를 얻게 돼요. 심지어 스노보드 선수들의 자유분방함은 '경쟁', '승리', '순위' 같은 올림픽의 전통적 가치에 대한 도전으로 비쳤어요. 예를 들어 2006년 토리노 올림픽에 출전한 린지

자코벨리스 선수는 스노보드 크로스 경기에서 1등으로 달리고 있었어요. 그런데 결승선을 코앞에 두고 굳이 안 해도 되는 묘기를 선보이다 넘어져 금메달을 놓쳤지요. 많은 사람들이 그녀에게 '경솔했다'고 손가락질했지만, 자코벨리스 선수는 당당하게 말했어요. "스노보드는 재미있자고 타는 거고, 나는 재미를 즐기는 중이었어요"라고요.

어떤 사람들은 스노보드의 그런 모습이 신선했다고 칭찬해요. 무자비한 경쟁보다는 자기의 개성을 연출하고 자유를 만끽하고 친구들과 우정을 나누는 걸 더 중요시했다는 거죠. 하지만 또 어떤 사람들은 비판을 하기도 해요. 스노보더들이 추구하는 개성과 자유는 딱 올림픽이 허락하는 만큼뿐이라고요. 자유, 개성, 반항 같은 이미지가 올림픽 경기 시청률과 수입을 올리기 위해 상품처럼 팔리고 있다는 거죠.

여러분은 어떻게 생각해요? 불청객이었던 스노보드 경기가 올림픽의 '경쟁'을 '재미'와 '자유로움'으로 바꾸고 있는 걸까요? 아니면 상업적 목적에 이용되고 있는 걸까요? 2022년 중국 베이징에서 열리는 겨울 올림픽에서 만날 선수들의 스릴 넘치는 묘기를 기다리며 한 번 고민해 보는 건 어때요?

올림픽의 후반전 패럴림픽 대회

2008년 베이징, 2012년 런던, 2016년 리우데자네이루, 이들의 공통점이 뭘까요? 모두 여름 올림픽이 열렸던 곳이에요. 이때 분위기 혹시 기억나요? 올림픽 대회를 치르는 2~3주 동안 텔레비전과 인터넷은 올림픽 소식으로 시끌벅적하지요. 그러다 어느 순간 잠잠해지면, '올림픽 대회가 끝났구나.' 하며 아쉬워해요. 그런데 그거 알아요? 올림픽은 대회의 전반전에 불과하다는 거. 올림픽이 끝난 뒤에는 대회의 후반전, 바로 '패럴림픽' 경기가 열리거든요. 패럴림픽은 어떤 대회이기에 올림픽과 함께 열리는 걸까요?

패럴림픽 대회의 시작은 제2차 세계 대전이 한창이던 1944년으로 거슬러 올라가요. 독일에서 나치를 피해 영국으로 망명한 유태계 의사 구트만^{Ludwing Guttmann} 박사는 전쟁에서 다쳐 걸을 수 없게 된 군인들의 재활 운동에 휠체어를 타고 할 수 있는 스포츠 경기를 활용했어요. 그러다가 1948년 런던 올림픽에 맞춰 세계 최초로 휠체어 스포츠 경기 대회를 개최했어요. 4년 후인 1952년 대회에는 영국은 물론 네덜란드에서 130여 명의 선수들까지 참가하면서 세계적인 관심을 불러일으켜요. 그러다가 1960년 로마 올림픽부터는 정식으로 올림픽과 함께 열리는 패럴림픽 대회가 된 거예요.

처음에는 휠체어 경기만 열렸기 때문에 '하반신 마비를 가진paraplegic' 선수들을 위한 '올림픽 대회Olympic Games'라는 뜻으로 두 단어를 합쳐서 '패럴림픽 대회 Paralympic Games'가 되었어요. 그러다 1976년 몬트리올 패럴림픽 대회부터 다른 장애를 가진 선수들을 위한 종목들이 포함되면서 새로운 뜻이 되었어요. 그리스어로 '나란하다'는 의미인 'para'와 올림픽의 뒷글자인 'lympic'을 더해서, '올림픽과 나란히 열리는 대회', '함께하는 대회'가 된 거예요. 지금은 170개국에서 4000명 이상의 선수들이 참가하는 큰 국제 대회가 되었답니다.

패럴림픽 대회의 매력은 같은 종목을 다양한 그룹으로 나누어 치른다는 점이에요. 공정한 경쟁을 위해 비슷한 장애를 가진 선수들끼리 경기를 하거든요. 100미터 달리기만 하더라도 총 25가지 유형의 경기남자 13경기, 여자 12경기가 열려요. 또 골볼, 보치아, 머더볼휠체어 럭비처럼 패럴림픽에서만 볼 수 있는 종목들도 있어요. 시각 장애를 가진 세 명의 선수가 한 팀을 이루는 '골볼'은 소리 나는 공을 상대편 골대에 굴려 넣는 경기예요. 소리와 느낌만으로 공을 다루는 선수들의 날렵함이 돋보이는 종목이죠. 목표물에 공을 가까이 던지는 '보치아'와 몸싸움이 거친 '머더볼' 역시, 팬들에게 사랑받는 종목이에요.

최근에는 인터넷이나 텔레비전 중계를 통해 더 많은 사람들이 패럴림픽을 지켜볼 수 있게 되었어요. 그런데 언론은 '운동선수로서의 모습'이나 '활약'보다, 선수들이 가진 '장애' 그 자체에 관심을 갖는 거 같아요. 패럴림픽 선수들이 보여 준 노력과 승리를 '장애를 극복한 인간 승리', 혹은 '눈물겨운 인생 역전 스토리'로만 보여 주는 거지요.

이런 시각은 장애를 '비정상'으로 본다는 점에서 바람직하지 못해요. 사람은 모두 각기 다르고, 서로 다른 방식으로 스포츠에 참여하고 있는 것뿐이니까요. 올림픽 경기에서와 마찬가지로, 패럴림픽 경기에서 우리가 주목해야 하는 것 역시, 승리를 위해 선수들이 흘린 땀과 그들이 보여 주는 멋진 동작, 박진감 넘치는 승부 같은 것들이 아닐까요?

두 얼굴의 올림픽

2014년 9월, 강원도 정선에 있는 가리왕산 숲의 나무 약 60만 그루가 잘려 나갔어요. 왠지 알아요? 2018년 평창 올림픽 대회를 위해 활강 스키장을 건설해야 했거든요. 올림픽 스키 경기를 위해서는 3킬로미터 이상의 길이에 높이차가 800미터 이상 나는 산비탈이 필요해요. 평창 근처에서는 가리왕산이 가장 적합했다는 게 평창 올림픽 조직위원회의 주장이었어요.

가리왕산에는 다양한 나무와 식물들이 자라고 있었어요. 오소리, 삵, 담비, 하늘다람쥐, 노루 등 귀한 야생동물들도 있었고요. 이렇게 500년도 넘게 이어온 소중한 생명의 터전을 단 3일 동안 열리는 스키 경기 때문에 훼손했다는 게 말이 되나요? 더욱 속상한 건 이번이 처음이 아니라는 거였어요. 생명을 함부로 다뤘던 평창 올림픽의 준비 과정은 30년 전 열렸던 1988년 서울 올림픽과 판박이였어요.

그 당시 서울 올림픽 조직위원회는 전 세계에 발전한 한국을 보여 줘야 한다는 생각에 사로잡혀 있었어요. 그래서 도시를 정비해야 한

활강 스키장이 들어선 가리왕산(2018년).

다며 가난한 동네의 집들을 강제로 철거했어요. 그곳에 살던 사람들
은 변두리로 쫓겨났는데 그 수가 무려 72만 명에 달했지요. 이들 중
에는 부천의 고강동 도로 주변에 임시로 집을 마련한 사람들도 있었
어요. 그런데 이 임시 거처마저 올림픽 성화가 지나가는 길목이라는
이유로 철거됐어요. 발전된 한국의 이미지를 망가뜨릴 수 있으니까

외국인의 눈에 보이지 않는 곳에 숨어 살라고 했던 거예요. 결국 올림픽이 끝날 때까지 땅굴을 파고 들어가 생활해야 했어요.

사실 이런 일은 다른 나라에서도 일어나요. 1988년 서울 올림픽 이후 2016년 리우 올림픽까지, 올림픽을 개최하면서 생겨난 철거민이 최소 300만 명이라고 해요. 올림픽이 '평화와 화합을 위한 세계인의 축제'라면서, 왜 집을 잃는 사람들이 생겨야 할까요? 또 매번 '친환경 올림픽'이라고 홍보하면서도, 한편에서는 아무 잘못 없는 생명들이 죽어 가야 할까요?

그건 바로 '평화와 화합의 축제'라는 선전과 달리, 올림픽으로 인해 '이득을 보는 사람'과 '고통 받는 사람'이 따로 있기 때문이에요. 올림픽을 개최하면 도시가 더 유명해지는 데다가, 새로운 시설을 짓는 데 어마어마한 액수의 돈이 쓰이거든요. 그러니까 정치인과 대기업, 부동산 개발업자들은 올림픽 덕분에 큰 혜택을 누릴 수 있을 거예요. 하지만 어떤 사람들은 갑자기 살던 곳에서 쫓겨나고, 올림픽을 열기 위해 도시가 진 빚은 엄청난 세금 부담으로 돌아와요. 가리왕산처럼 소중한 자연이 무자비하게 훼손되기도 하고요. 물론 올림픽을 개최한다는 자부심 같은 걸 잠시 느낄 수는 있겠죠. 하지만 그게 삶의 터전과 자연환경을 지키는 것보다 중요하지는 않잖아요?

앞으로 한국에서 올림픽이 다시 열릴지도 몰라요. 벌써 남한과 북한이 2032년 여름 올림픽을 공동 개최할 수도 있을 거라는 얘기도 들려오니까요. 그럼 또다시 많은 사람들은 올림픽의 밝고 화려한 얼굴에 매료되겠죠? 하지만 그럴수록 올림픽의 또 다른 측면을 세심하게 헤아려야 할 거예요. 그래야 몇몇 사람들만 이득을 보고 반짝 끝나는 행사가 아니라, 여러 사람이 두루두루 기억하고 곱씹는 진짜 '평화와 화합의 축제'가 될 수 있을 테니까요.

금메달보다
소중한 것

매번 올림픽이 열릴 때면 금메달 얘기뿐이에요. 하루 종일 중계방송을 내보내는 텔레비전에서는 한국 선수들이 어느 종목에서 경기를 하는지 알려 줘요. 특히 메달을 딸 가능성이 높은 선수가 출전하는 날이면 어김없이 '금메달에 도전'한다는 부담스러운 멘트를 반복해서 내보내고, 모든 채널에서 동시에 중계해요. 그런데 올림픽 때만 되면 온 시민의 관심이 스포츠에 몰리는 나라, 금메달 소식에 온 국민이 밤잠을 설치는 나라가 정말 스포츠를 좋아하고 잘하는 나라일까요?

스포츠를 좋아하고 잘하는 나라를 따져 보려면 어떤 걸 살펴봐야 할까요? 우선 올림픽 경기에서 메달을 얼마나 골고루 따고, 또 얼마나 많은 사람이 스포츠를 즐기는지를 따져 볼 수 있을 거예요. 예를 들어 한국은 2016년 리우 하계 올림픽에서 총 28개 종목 중 9개 종목_{양궁, 태권도, 사격, 펜싱, 골프, 유도, 역도, 레슬링, 배드민턴}에서 메달을 땄어요. 2018년 평창 동계 올림픽에서는 총 15개 종목 중 6개 종목_{봅슬레이, 쇼트트랙, 스}

노보드, 스켈레톤, 스피드스케이팅, 컬링에서 메달을 땄고요. 양쪽 모두 전체 종목의 약 3분의 1 정도에 집중된 게 보이지요? 스포츠를 잘하긴 하는데 골고루 잘한다고 보기에는 무리가 있어요. 튼튼해지려면 여러 가지 반찬을 골고루 먹어야 하는 것과 마찬가지로, 한국 스포츠가 튼튼해지려면 여러 종목을 두루두루 하는 게 좋지 않을까요? 더 많은 사람이 여러 가지 스포츠를 접할 기회가 생기고, 자기가 좋아하는 스포츠를 발견해서 열심히 하는 식으로 말이에요.

그런데 한국이 올림픽 메달을 딸 정도로 잘하는 스포츠 종목 중에서도 우리들이 쉽게 배우고 접할 수 있는 건 그다지 많지 않아요. 배드민턴이나 축구, 태권도는 한 번쯤 해 봤을 거예요. 그렇지만 선수들처럼 정식으로 배운 친구들은 드물 거예요. 그밖에 레슬링이나 사격, 양궁, 펜싱, 스켈레톤, 컬링 같은 종목들은 선수가 되겠다고 마음을 먹지 않는 이상 쉽게 접할 수 없고요. 예를 들면 양궁을 하는 데 필요한 활, 화살, 과녁 같은 장비를 구하기도 힘들고, 활을 쏴 볼 장소를 찾기도 어려워요. 어쩌다 한 번 구경하거나 체험할 수 있을 뿐, 배우고 수련할 기회를 갖지는 못해요. 그러니까 금메달과 우리가 일상생활에서 그 스포츠를 누리는 것과는 거의 관련이 없는 거죠.

이건 한국에서 스포츠를 육성하는 방식 때문에 그래요. 전문가들은 '선택과 집중' 전략이라고 불러요. 금메달을 따기 위해 유망 종목을 고른 다음 소수를 따로 뽑아서 집중적으로 훈련시키거든요. 많은 사람에게 다양한 스포츠를 배울 기회를 주고, 그중에 잘하는 사람을 뽑아서 올림픽을 내보내는 게 아니고요. 모두가 건강과 즐거움을 위해 스포츠를 누릴 권리가 있는데, 그동안 한국은 '금메달'에만 관심을 가졌던 거예요. 예전에는 금메달을 많이 따는 것이 한국을 전 세계에 알리는 방법이라 생각했어요. 하지만 지금 한국은 그렇게 작고 약한 나라도 아니잖아요?

유럽에는 룩셈부르크라는 작은 나라가 있어요. 인구가 59만 명으로 한국의 경상남도 김해시^{54만 명}와 비슷해요. 나라가 작다 보니 지금껏 올림픽 역사에서 딴 금메달의 숫자가 단 '한 개'에 불과해요. 그런데도 룩셈부르크는 스포츠 천국이에요. 시민들은 언제든 원하는 때에 근처 체육관과 수영장을 저렴한 비용으로 이용할 수 있대요. 전체 인구의 약 6분의 1인 10만 명 이상이 정기적으로 다양한 종목의 스포츠 클럽에서 활동하고 있고요. 단순히 올림픽 금메달을 많이 따지 못한다는 이유로 룩셈부르크를 스포츠 후진국이라고 말할 수 있을까요?

진정한 의미에서의 스포츠 강국은 어떤 걸까요? 모두가 올림픽에 나가서 금메달을 딸 수 없더라도, 각자 자기가 좋아하는 스포츠를 즐기면서 배워 나갈 수 있는 나라 아닐까요? 시합에 나가 이기기도 하고 지기도 하면서 친구도 사귀고, 그러면서 몸도 마음도 튼튼해져야 스포츠를 더 잘할 수 있고요.

여러분도 좋아하는 스포츠를 하나씩 찾고, 배워 나가는 활동적인 사람이 되었으면 좋겠어요. 그래서 나중에 친구나 가족들과 행복하

게 스포츠를 즐기는 것이 생전에 만져 보기 힘든 올림픽 금메달보다

소중하지 않을까요?

2장

누구의 것도 아닌
지구인 모두의 스포츠

스포츠는 발이 달린 것처럼 전 세계를 돌아다녀요. 영국에서 시작한 공놀이가 미국에서 야구가 된 것처럼, 한 스포츠가 다른 대륙에 가서 새로운 스포츠가 돼요. 태권도처럼 여러 다른 경기 방식으로 발전하기도 하고요. 뉴질랜드의 럭비 대표팀 올블랙스 All Blacks가 보여 주는 '하카 Haka, 전통 의식'처럼 새로운 문화가 녹아들기도 하지요. 이렇게 스포츠는 세계를 떠돌고, 사람들과 교류하면서 문화를 전하고 만들어요. 그러니까 지금도 우리들은 스포츠를 즐기고 구경하면서 새로운 문화를 만들어 가고 있는 거예요.

왜 한국은 야구를 하고, 인도는 크리켓을 할까?

　'크리켓'이라는 스포츠를 들어 본 적 있나요? 야구와 비슷하게, 투수가 던진 공을 타자가 방망이로 치는 경기예요. 크리켓은 2014년 인천 아시안 게임에 포함된 정식 종목 중 하나였어요. 크리켓은 한국에 잘 알려져 있지 않았기 때문에, 경기를 즐기는 사람도 적었고, 정식 경기장도 없었어요. 그래서 아시안 게임을 앞두고서야 처음 대표 선수들을 선발하고 경기장도 지었다고 해요. 경기가 시작된 이후에도 적은 수의 관중들만 경기장을 찾았고요. 그런데 아시안 게임에서 한국인들이 야구 경기에 관심을 갖는 사이, 인도, 파키스탄, 방글라데시 사람들은 크리켓 경기에 열광했대요. 아시아의 전통 스포츠도 아닌데, 왜 한국은 야구를, 인도와 그 주변 나라들은 크리켓을 좋아하게 된 걸까요?

　옛날에 유럽의 나라들이 세계 곳곳에 식민지를 만들었다는 얘기 들어 봤지요? 특히 영국은 거의 모든 대륙에 가서 자원을 빼앗고 사람들을 부려 먹었어요. 그런데 사람들이 한꺼번에 움직이면 언어나

음식 같은 문화도 함께 전해지겠지요? 놀이도 마찬가지예요. 영국 사람들이 즐기던 공놀이 중 하나였던 크리켓도 영국인들이 가는 곳을 따라 세계 각지로 퍼져 나갔어요. 그런데 똑같은 음식이라도 풍토에 따라 재료와 맛이 달라지는 것처럼, 크리켓도 지역에 따라 다른 모습으로 발전했어요.

영국의 오랜 식민지 중 하나였던 인도를 볼까요? 영국인들은 인도인들을 영국식 생각과 생활 방식으로 길들이기 위해 크리켓을 이용했대요. '크리켓을 하면 당신들도 우리처럼 강해지고 발전할 수 있을 거요!'라는 식으로요. 인도의 상류층 사람들은 적극적으로 크리켓을 배웠어요. 크리켓을 하면 마치 자신도 지배자인 영국 사람이 된 거 같은 기분을 느낄 수 있었거든요. 그런데 영국에 맞서 인도의 독립을 위해 싸우는 사람들도 크리켓을 열심히 했다고 해요. 매년 영국과 벌이는 크리켓 대결에서 이겨서 침략자인 영국인들의 코를 납작하게 눌러 주고 싶었던 거지요. 이렇게 영국의 지배를 받으며 그들을 동경하기도 하고 미워하기도 하는 사이, 크리켓은 점차 많은 사람들이 참여하는 스포츠가 됐고, 인도의 대표적인 문화로 자리 잡게 되었어요.

반대로 또 다른 영국의 식민지였던 미국에서 크리켓은 찬밥 신세였어요. 미국은 주로 영국과 유럽에서 건너온 사람들이 세운 나라잖아요. 그런데 영국이나 유럽을 그리워하는 사람보다 새로운 자기 나라 '미국'에 자부심을 갖는 사람들이 많았다고 해요. 그런 미국인들에게 크리켓은 '너무 영국스러운' 문화였어요. 그래서 크리켓과 비슷한 공놀이를 자기네들 방식으로 바꾸어서 '야구'를 만들었어요. 크리 켓을 고리타분한 골동품처럼 취급하는 한편, 야구는 '신대륙 미국의 열정'을 상징한다고 자랑하면서요. 똑같은 스포츠가 인도에서는 대 표 문화가 된 반면, 미국에서는 새로운 스포츠로 변한 거지요.

이렇게 태어난 야구는 1905년 선교사 질레트를 통해 한국에 처음 들어왔어요. 그 후 일본 제국주의 지배 아래서 일본 야구의 영향도 많이 받았지요. 이미 1870년대부터 미국에서 야구를 들여온 일본은 앞선 실력을 갖고 있었거든요. 그리고 인도가 영국에 대해 그랬던 것 처럼, 한국도 일본에게 질 수 없다는 생각으로 100년 동안 야구를 발 전시켜 왔어요. 그 결과 인도의 크리켓처럼 야구도 한국 문화의 일부

독립운동가인 여운형 선생(두 번째 줄 맨 오른쪽)이 코치로 있던 야구팀과 함께 찍은 사진(1926년 6월 15일, 상하이 공설 운동장). 야구는 황성 YMCA의 초대 총무였던 미국인 선교사 필립 질레트 에 의해 한국에 처음 도입되었는데, 여운형 선생이 당시 YMCA 운동부 주장이었다.

가 된 거예요.

스포츠는 지금도 계속 움직이는 중이에요. 마치 발이 달린 것처럼요! 요즘에는 한국에서도 크리켓을 즐기는 다른 나라 사람들이 공부나 일을 하러 건너와 정착하면서 크리켓 문화를 키워 가고 있어요. 앞으로 어떻게 될까요? 영국의 크리켓이 인도를 대표하는 스포츠가 되고, 미국에서 야구로 새로 태어난 것처럼, 언젠가 '한국형' 크리켓을 만나 볼 수 있을까요?

두 개의 문화, 하나의 럭비

혹시 '올블랙스All Blacks'라고 들어 본 적 있어요? '모두all' '검다black'는 의미처럼, 아래위 모두 검정색 유니폼을 입는 뉴질랜드 럭비 대표 팀의 별명이에요. 한국인들이 한국 축구 대표 팀을 '태극전사'라고 부르는 것처럼, 뉴질랜드 사람들은 뉴질랜드 최고의 인기 스포츠인 럭비 국가 대표 팀을 '올블랙스'라고 불러요.

올블랙스는 전 세계 럭비 팬들로부터 큰 인기를 누리고 있어요. 그 첫 번째 비결은 일품으로 평가받는 럭비 실력이에요. 그리고 한 가지 더! 올블랙스 선수들이 경기 시작 전 상대 선수들 앞에서 펼치는 '하카Haka'라는 독특한 의식 덕분이기도 해요.

'하카'는 뉴질랜드 원주민인 마오리족의 전통 의식이에요. 마오리족은 전쟁에 나서기 전에, 또는 반가운 손님을 맞이할 때 '하카'를 하곤 했대요. 그런데 이런 전통 의식이 어떻게 오늘날의 스포츠 경기에 함께하게 된 것일까요? 잠시 뉴질랜드 역사를 살펴볼까요?

뉴질랜드는 원래 마오리 부족들이 살던 섬나라였어요. 마오리족은 자신들이 사는 땅을 '아오테아로아'라고 불렀지요. 마오리어로 '길고 흰 구름의 나라'라는 뜻이지요. 그런데 17세기 이 땅을 유럽인이 알게 됐고, 19세기부터 영국 사람들이 뉴질랜드로 이주하기 시작했어요. 그런데 그 수가 점점 늘어나자 원래 섬의 주인이었던 마오리 부족들과 다툼이 잦아져요. '마오리'들은 자신들의 권리와 땅을 '파케하'영국계 이주민들에 대한 마오리식 표현이에요에게 빼앗겼다며 이를 되찾기 위해 오랜 시간 투쟁해 왔어요. 하지만 '마오리'와 '파케하'라는 두 개의 문화가 끊임없이 부딪히며 아슬아슬하게 공존하는 사이, 서로 배우는 것들도 있었겠지요? '럭비'와 '하카'가 그래요. 영국에서 온 스포츠 럭비와, 마오리의 전통 의식 하카가 만나게 된 거예요.

하카 의식을 벌이고 있는 뉴질랜드 럭비팀 올블랙스.

1888년에 20명의 마오리와 6명의 파케하로 구성된 뉴질랜드 럭비 팀이 영국으로 처음 원정 경기를 떠났어요. 이들은 압도적인 경기력뿐 아니라 신비한 '하카' 동작으로 럭비의 고향인 영국인들의 이목을 사로잡았대요. 바로 그때부터 100년이 넘는 세월 동안 하카는 뉴질랜드의 최고 인기 스포츠 팀인 올블랙스의 상징이자 뉴질랜드의 자랑스러운 문화유산이 된 거예요.

하카는 마오리족의 혈통을 가진 선수 또는 주장이 이끌어요. 나머지 선수들은 정해진 몸동작에 따라 함께 손으로 자신의 무릎, 가슴을 때리기도 하고, 팔을 치기도 하면서 우렁찬 기합을 내질러요. 눈을 부릅뜨고 혀를 쭉 뽑아 내밀면서 팀의 사기를 높이고 상대 팀의 기를 꺾어 놓기도 해요.

'마오리'와 '파케하', 두 개의 문화가 섞여 있는 뉴질랜드에서 올블랙스가 보여 주는 하카는 인종, 문화와 관계없이 뉴질랜드 사람들을 '하나'로 묶어 주는 역할을 하고 있어요. 마오리 혈통과 영국의 백인 혈통, 그리고 혼혈의 선수들이 골고루 뒤섞인 럭비 대표 팀이 전통의 하카를 함께한 후 다른 나라 대표 팀을 물리치는 걸 생각해 봐요! 어떤 혈통을 가졌든지 간에 '뉴질랜드'라는 이름으로 함께 기뻐할 수 있겠지요? 그러니까 뉴질랜드에서 올블랙스는 인기 있는 국가 대표 팀일 뿐만 아니라, 두 개의 다른 문화가 서로 잘 지내고 있음을 확인시켜 주는 존재인 셈이에요.

하지만 모두가 올블랙스의 하카를 좋게 보는 것은 아니에요. 마오리의 전통을 굳게 지키고 사는 부족들 가운데에는 불만을 갖는 경우도 많아요. 하카의 정신과 의미를 잘 모르는 백인들이 하카를 상업적으로 이용한다는 거지요. 그들 입장에서는 조상들의 문화유산인 하카를 구경거리 삼는 게 못마땅할 수 있어요. 그뿐만 아니라, 일부는 올블랙스의 하카가 오히려 마오리와 파케하 사이에 풀어야 할 중요한 문제들을 감춘다고 주장하기도 해요. 뉴질랜드 사회에서 소수자로 살아가고 있는 마오리들은 자신들의 권리를 향상시키기 위해 여전히 노력하는 중이거든요.

그럼에도 불구하고 올블랙스의 하카는 두 개의 다른 문화가 어느 한쪽을 흡수하는 대신, 서로 존중하면서 공존할 수 있다는 걸 보여주는 것 같아요. 그렇다면, 앞으로 더욱 다양한 언어, 관습, 피부색을 가진 사람들이 함께 살게 될 대한민국은 어떨까요? 한국에서도 '올블랙스의 하카'와 같이 다른 문화가 한데 어우러진 스포츠 전통이 생겨나는 걸 기대해 볼 수 있을까요?

'태권도'라는 이름은 어떻게 탄생했을까?

한국을 대표하는 운동 경기라면 뭐니 뭐니 해도 '태권도'일 거예요. 한국에서 생겨났고, 많은 사람들이 수련할 뿐만 아니라, 전 세계 어디서나 한국어로 가르치고 배우고 있으니까요. 그런데 태권도가 언제, 어떻게 만들어지고 전해지게 됐는지에 대해서는 많이 알려지지 않은 듯해요. 대부분 막연하게 아주 오랜 옛날부터 조상 대대로 수련해 온 전통 무예이겠거니 하고 생각하기도 하고요.

태권도라는 이름이 역사에 처음 등장한 건 1955년이에요. 그러니까 지금 할머니, 할아버지들이 어린 꼬마였던 시절 태권도라는 말이 생겨났다는 얘기죠. 그전에는 '당수', '공수', '권법'이라는 이름으로 무술을 수련하는 도장들이 있었어요. 그런데 이 도장들은 대부분 일제가 한반도를 강제로 점령했을 때 일본 무술인 '가라테'를 배운 사범들이 지도하고 있었어요. '당수'나 '공수'는 가라테의 한국식 표현이에요. 이 사범들 중에는 전통 무예인 '택견'이나 '중국 무술'을 배운 사람도 있었어요. 하지만 수련 방식이나 심사를 통해 '급'이나 '단'을 따서 검은 띠를 받는 방식 등은 가라테의 영향을 많이 받았다고 해요.

그럼 1955년 당시 '태권도'라는 이름을 만든 건 누굴까요? 그건 바로 육군 장군이었던 최홍희였어요. 최홍희 역시 일제 강점기 일본 주오 대학에서 가라테를 배운 사람이었어요. 하지만 그는 해방 이후 일본식의 가라테 대신, 한국인 고유의 무술을 만들고 싶었어요. 그러던 중 자신이 지휘관으로 있던 부대의 당수 시범을 본 이승만 대통령이 '저게 택견이구만!' 하고 감탄한 데 착안해서 택견과 발음이 비슷한 한자어를 찾았어요. 그래서 '발 태跆' 자와 '주먹 권拳' 자를 결합해 '태권도跆拳道'라는 명칭을 만들었던 거예요. 이승만 대통령의 오해에서 비롯된 일이었지만, 전통 무예인 택견과 비슷한 이름을 선택함으로써 보다 '민족적'이고 '전통적'인 색깔을 입힐 수 있었어요.

그런데 당시 무도인들은 태권도라는 명칭이 영 마음에 들지 않았어요. 초기 태권도를 정립하는 과정에는 아홉 개의 도장강덕원, 무덕관, 송무관, 오도관, 정도관, 지도관, 창무관, 청도관, 한무관이 큰 역할을 했는데, 이들 중 일부는 자신들이 일제 강점기 때 배운 그대로 '공수도空手道'라는 이름을 쓰자고 주장했어요. 그래서 태권도를 주장하는 사람들의 '태'와, 공수도를 주장하는 사람들의 '수'를 결합해서 '태수도跆手道'라고 이름을 정했죠. 그 결과 1961년 출범한 태권도 단체의 이름은 '대한태수도협회'였어요.

그러다가 1965년에 드디어 오늘날과 같이 '태권도'라는 명칭이 공식적으로 확정되었어요. 최홍희가 회장이 되면서 '태수도'와 '태권도' 사이에 어떤 것으로 할지 투표를 해서 한 표 차이로 '태권도'로 결정이 된 거예요. 우리에겐 너무 당연하고 자연스럽게 전해 내려오는 이름 같은데, 누군가가 만들고 투표로 결정했다니 어색한 기분이 들지 않아요?

'태권도'라는 이름이 만들어지는 과정은 35년의 식민지 경험과 그걸 극복하려는 한국인들의 몸부림을 그대로 보여 주는 것 같아요. 일제 강점기에 태어나 일본에서 만들어진 무술을 배운 무도인들은 해방이 되면서, 일제 강점기에 배운 것과 앞으로 가르쳐야 할 것 사이에서 고민할 수밖에 없었을 거예요. 한국인 고유의 무술을 가르치고 싶은데, 이미 몸에 익은 가라테에서 완전히 새로운 무술을 만드는 건 사실상 불가능했을 테니까요. 하지만 이런 갈등 속에서 탄생한 '태권도'는 이후 완전히 새로운 형태의 무예로 거듭나요. 그 과정은 다음 장에서 다시 들려줄게요!

두 개의 태권도
-WT와 ITF

1955년에 태권도라는 이름이 처음 생기고, 1961년에 처음 태권도 단체가 출범했으니까, 1960년대만 하더라도 태권도는 계속 만들어져 가는 중이었어요. 그즈음, 품새, 발차기, 그리고 겨루기의 규칙을 정하고 다듬었지요. 이때 이루어진 놀라운 발전 중 하나가 바로 겨루기 기술이에요. 예전에는 훈련 중에 다치지 않기 위해서 상대를 직접 때리거나 발로 차지 않았어요. 그런데 대나무를 엮어 만든 몸통 보호대를 발명하면서부터 상대의 몸통을 직접 타격하는 훈련이 가능하게 된 거예요. 생각해 봐요! 움직이는 상대의 몸통에 정확하게 발차기를 적중시키려다 보니, 상대에게 재빠르게 다가가거나 멀어지기 위해 스텝^{발걸음}이 발전했고, 발차기 동작 또한 훨씬 간결해진 거죠. 실전 겨루기에 딱 맞는 방식으로 기술이 진화한 거예요.

한편 태권도라는 이름을 지은 최홍희는 1966년 '국제태권도연맹'을 만들어서 세계 여러 나라에 태권도를 알리기 시작했어요. 그러다 1972년 최홍희가 캐나다로 망명하면서 국제태권도연맹도 함께 한국을 떠나 캐나다에 자리 잡게 되었어요. 그리고 1973년, 국제 태권도연맹이 떠난 빈자리에, 한국 정부의 전폭적인 지원을 얻고 생겨난 게 바로 세계태권도연맹이에요. 오늘날 우리가 배우는 태권도를 보급하는 곳 말이에요. 비슷한 이름이 나오니 조금 헷갈리죠? 국제태권도연맹은 영어로 'International Taekwondo Federation'이라고 해서 약자로 'ITF', 세계태권도연맹은 'World Taekwondo Federation'이라고 해서 약자로 'WTF'라고 불렀어요. 그런데 세계태권도연맹은 2017년 세계태권도로 이름을 바꾸고 영어 약자도 WT로 바꿨어요.

'ITF'와 'WT', 두 태권도는 서로 다른 기술을 개발했고, 이를 통해 세계 무대에서 경쟁하기 시작했어요. 세계태권도^{WT}는 '겨루기'를 스포츠처럼 변화시키는 데 힘을 썼어요. 태권도를 올림픽 정식 종목으로 만들고 싶었거든요. 올림픽에는 이미 손을 주로 사용하는 복싱 경기가 있으니까 WT 태권도는 발 기술 위주의 겨루기로 경기 방식을 변화시켰어요. 반면 ITF 태권도는 스포츠로서의 성격보다는 무예로서의 특징을 더 강조했어요. 그 결과 ITF 태권도 겨루기는 실전 격투에 가까운 모습이 되었어요. 손으로 얼굴을 타격할 수도 있고, 몸통 보호대를 착용하지도 않아요.

한국에서는 원래 WT의 영향력이 강했었어요. 그런 데다가 1980년대부터 ITF 태권도가 북한에 보급되면서 'ITF=북한 태권도'라는 인식이 생겨났어요. 그래서 ITF 태권도를 배울 기회가 거의 없었지요. 더구나 WT 태권도가 2000년 시드니 올림픽부터 정식 종목이 되면서 '태권도'라고 하면 많은 사람들이 WT 태권도만을 떠올리게 되었어요. 이런 까닭에 여러분에게는 ITF 태권도가 생소할지도 몰라요.

하지만 ITF 태권도 역시 태권도의 뿌리와 역사를 간직한 '조금 다른 방식의 태권도'로서 여전히 중요한 자리를 차지하고 있어요. 서로 다른 고민과 목표를 통해 다르게 발전한 모습을 보면서 각자 잃어버린 것을 돌아볼 수 있도록 하는 거울이 되어 주기도 하고요.

요즘에는 서로 경쟁을 통해 발전해 온 두 개의 태권도가 하나로 합쳐져야 한다는 주장도 있어요. 하지만 모든 무술은 누가 수련하느냐, 어떤 상대를 만나느냐에 따라 자연스럽게 변해 가기 마련이에요. 자신의 약점을 보완하고 상대의 강점을 배워 나가면서 새로운 기술을 만들고 다듬어 나가니까요. 태권도는 이미 전 세계 190여 개국에서 수련하는 무예이자 스포츠가 되었어요. 그러니까 다양한 개성과 재능을 가진 사람들에 의해 새롭게 변화하는 태권도를 지켜보는 건 어떨까요? 마치 영국에서 약 150년 전에 처음 시작된 축구가 이제는 독일에서, 브라질에서, 한국에서, 다른 매력의 경기를 연출하는 것처럼 말이죠!

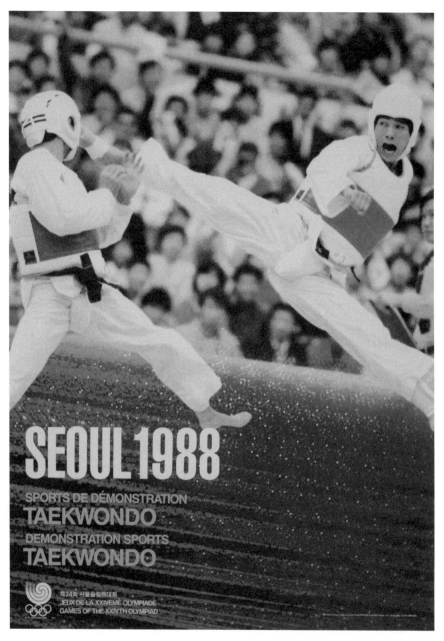

SEOUL 1988
SPORTS DE DÉMONSTRATION
TAEKWONDO
DEMONSTRATION SPORTS
TAEKWONDO

제24회 서울올림픽대회
JEUX DE LA XXIVEME OLYMPIADE
GAMES OF THE XXIVTH OLYMPIAD

1988년 제24회 서울 올림픽을 기념하기 위한 포스터. 태권도는 1988년 여름 올림픽에 처음 올림픽 시범 종목으로 포함되었고, 2000년 여름 올림픽에 정식 종목으로 채택되었다.

스포츠 선수 해외 진출 -손흥민, 콩 푸엉 선수는 이주 노동자

많은 한국 스포츠 선수들이 해외에서 활약하고 있어요. 그런데 아무리 유명하든 돈을 얼마나 많이 벌든, 해외에서 뛰는 운동선수들은 모두 이주 노동자라는 거 알아요? 다른 나라에 머물기 위해서는 '비자'라는 걸 받아야 해요. '얼마 동안 여기 있어도 된다'라는 '허가증' 같은 거지요. 여행을 하기 위해서는 '관광 비자'를 받고, 일을 하기 위해서는 '노동 비자'를 받아요. 스포츠 선수도 스포츠로 일을 하고 돈을 벌기 때문에 '노동 비자'를 받는 외국인 노동자예요.

옛날에는 해외에서 뛰는 운동선수가 매우 드물었어요. 해외에 가더라도 일본 등 가까운 나라에서 선수 생활을 했죠. 그런데 1990년대 말부터 한국 선수들이 미국, 유럽으로 진출하기 시작했어요. 1994년 박찬호 선수가 미국 프로야구팀 LA다저스에 입단했고, 1998년에는 박세리 선수가 미국 여자 프로골프 투어에 진출했죠. 박지성 선수는 2002년 한일 축구 월드컵이 끝나고 유럽에 나갔고요. 물론 선수들의 해외 진출은 뛰어난 실력과 잠재력 덕분이지요. 그런데 사실 그 뒤에는 세계 스포츠 노동 시장의 큰 지각 변동이 있었어요.

1980년대부터 미국과 서유럽의 부자 스포츠 팀들은 외국으로 눈을 돌리기 시작했어요. 더 낮은 임금으로 자국 선수들만큼 실력을 발휘할 수 있는 외국인 선수들을 찾은 거예요. 미국 야구는 가까운 도미니카공화국에 야구 아카데미를 만들어서 어린 선수들을 훈련시켰어요. 그리고 거기서 배출된 선수들과 낮은 임금에 계약했지요. 미국 프로농구팀들은 동유럽 선수들을 뽑기 시작했어요. 유럽의 축구 리그는 아프리카 선수들과 계약했고요. 상대적으로 경제적 발전이 늦은 나라에서 온 선수들은 미국이나 서유럽의 선수들보다 적은 돈을 받고도 열심히 뛰었어요.

1990년대에는 아시아에까지 손을 뻗쳤죠. 아시아 선수들이 많은 팬들을 몰고 올 거라고 기대했기 때문이에요. 무슨 말이냐구요? 마치 낚시를 할 때 미끼를 걸면 물고기들이 몰려드는 것처럼, 외국인 선수 한 명이 활약하면, 그 나라 팬들의 관심을 끌어들여 중계권을 팔아 돈을 벌 수 있거든요. 2002년 미국 프로농구가 중국의 야오밍 선수를 영입해서 중국인들의 관심을 모았어요. 2001년 미국 프로야구는 일본의 이치로 선수를 영입해서 매해 일본 기업으로부터 막대한 광고를 유치했고요. 박찬호 선수의 LA다저스 입단도 한국에 메이저 리그 야구 경기를 수출하는 계기가 되었지요.

그렇다고 해서 해외에서 뛰는 한국 선수들이 돈벌이를 위한 '미끼'로만 이용된다는 말은 아니에요. 돈을 벌기 위한 '마케팅 전략'에 의해 진출했다 하더라도, 일단 사람들이 오가면 교류의 장이 열리기 마련이니까요. 팬들은 여러 나라에서 온 다양한 선수들이 어울려 뛰는 걸 볼 수 있고, 선수들은 서로 기술과 문화를 배우면서 나라 간 실력 차이도 줄일 수 있지요. 하지만 운동선수들의 해외 진출이 결코 대등한 교류라고 할 수는 없을 거예요. 주로 선수를 데려가는 유럽과 미국의 '중심부 리그'가 있고, 선수를 보내는 아시아나 아프리카의 '주변부 리그'가 경제의 규모에 따라 나뉘어 있으니까요.

혹시 베트남 국가 대표 축구팀의 스타 응우옌 콩 푸엉 선수가 2019년 인천 유나이티드팀에 입단한 거 알아요? 교체 멤버로 경기에 출전하며 활약을 펼치고 있어요. 콩 푸엉 선수의 한국 진출 역시 베트남 팬들을 끌어들이려는 한국 프로구단의 마케팅 전략일지 몰라요. 하지만 콩 푸엉 선수는 한국 사람들이 손흥민 선수를 응원하듯, 한국에서 일하거나 공부하는 많은 베트남 사람들에게 큰 응원을 받고 있어요. 그렇다면 해외에서 온 콩 푸엉 선수를 함께 응원하며 두 나라 사람들이 더 가까워질 수도 있지 않을까요? 스포츠 선수들의 해외 진출은 돈을 벌기 위한 자본의 '마케팅'으로부터 결코 자유롭지 못해요. 그렇지만 그 안에서도 다양한 사람들끼리의 열린 교류가 따뜻한 스포츠 문화를 만들어 왔다는 걸 잊지 않았으면 좋겠어요.

3장

국가와 스포츠

때로 스포츠는 국가를 대표해요. 올림픽이나 세계 대회에서 자기 나라 국기를 달고 활약하는 선수들을 보면 잘 알 수 있지요. 그래서 국가는 스포츠를 이용해서 충성심을 기르려 하기도 해요. 대표 팀이 좋은 성적을 거두도록 선수촌을 만들어 훈련시키기도 해요. 스포츠 경기를 응원하고 짜릿함을 함께 나누다 보면 우리가 살고 있는 나라가 자랑스러워지기도 하지요. 하지만 이런 애국심은 그때뿐이에요. 스포츠 경기를 응원하고 짜릿함을 함께 나누며 키운 애국심이 얼마나 오래갈 수 있을까요? 그보다는 정의롭고 자랑스러운 나라에 산다고 느낄 때, 또 시민 한 명 한 명이 스포츠를 맘껏 누릴 수 있을 때, 대표 팀을 응원할 맛도 나고 나라를 사랑하는 마음도 자연스레 샘솟지 않을까요?

누군가를
대표한다는 것

한국의 국가 대표 선수들은 '국가 대표 선수촌'이란 곳에서 훈련을 받아요. 지금은 충북 진천에 있지만, 2017년에 이곳으로 이사하기 전까지는 서울의 태릉에 있었어요. 그래서 '태릉선수촌'은 국가 대표 선수촌의 고유 명사처럼 쓰였지요. 1966년에 세워진 태릉선수촌은 국내 최고의 선수들을 모아 집중적으로 훈련시키는 장소였어요. 국제 대회에서 메달을 따는 데 큰 역할을 했고요. 그래서 '한국 엘리트 스포츠의 요람'이라는 별명을 갖고 있었어요.

하지만 태릉선수촌은 금메달을 위해서라면 무엇이든 희생시키는 한국 스포츠의 무서운 얼굴을 상징하기도 해요. 그 대표적인 사건이 2000년 6월에 발생한 장희진 선수 사건이에요. 당시 중학교 2학년생이었던 장희진 선수는 시드니 올림픽 수영 국가 대표로 선발되었는데도 선수촌에 들어가기를 거부했어요. 왜였을까요? 일단 들어가면 새벽부터 밤늦게까지 고된 훈련을 소화해야 하기 때문에 학교에 갈 수가 없었어요. 장희진 선수는 1학기 기말 시험이 끝날 때까지만 선수촌 밖에서 훈련을 하겠다고 요청했지만 거절당해요. 사람들이 국가 대표라는 임무를 너무 '중대하게' 생각해서, 고작 학교나 시험 때문에 선수촌에 못 들어간다는 말을 이해하지 못했거든요. 결국 장희진 선수는 국가 대표 자격을 박탈당했어요.

그런데 장희진 선수의 파격적인 행동은 신선한 충격을 줬어요. '금메달이 그렇게 중요할까?', '누구한테 중요한 걸까?', '15살 중학생에게 더 중요한 건 친구들과의 소중한 추억 같은 것들 아닐까?' 하고 생각하는 사람들이 늘어났거든요. 그러자 사람들은 한국에서 운동선수를 길러 내는 방식에 대해 다시 생각해 보게 됐어요. 더 많은 메달을 따기 위해서는 더 잘하는 운동선수들이 필요하고, 그런 선수들을 키워 내기 위해서 학교는 어린이 때부터 맘껏 놀 틈도, 수업을 들을 기회도 주지 않고 운동만 시켰거든요. 그런 상황에서 장희진 선수는 메달보다 학교에 다니는 평범한 일상이 더 중요하다고 외쳤던 거예요.

다행히 많은 사람들의 응원 덕분에 장희진 선수는 시드니 올림픽에 출전할 수 있었어요. 그리고 이 사건을 계기로 운동선수들이 학교생활에 더 적극적으로 참여할 기회를 가지게 되었어요. 하지만 오늘날도 여전히 많은 사람들이 메달에 집착해요. 게다가 대표 선수가 이기면 나라 전체가 이긴 것처럼, 반대로 지면 국민 모두가 진 것처럼 생각하죠.

곰곰이 생각해 보면 대개의 어른들은 여러분에게 무언가를 대표

2000년 시드니 올림픽을 앞두고 훈련하고 있는 장희진 선수.

하라고 강요하는 거 같아요. 늘 '엄마 아빠의 자랑', '학교의 모범', '나라를 빛내는 훌륭한 사람'이 되라고 말하죠. 그런데 말이죠, 무언가를 잘해서 가족이나 학교, 나라의 자랑이 되는 것도 멋진 일이지만, 그전에 그게 나에게 어떤 의미인지 먼저 살펴봐야 하지 않을까요? 누군가를 대표하고 어른들의 기대를 받으면 받을수록 마음속에서 들려오는 소리에 귀 기울이는 게 어려워지거든요. 그래서 말인데

요, 장희진 선수처럼 용기 내서 어른들에게 되물어 보는 건 어떨까
요? "저는 누군가의 자랑거리가 되기보다 제가 어떤 사람이고, 어떤
사람이 되고 싶은지 알아내는 게 제일 중요한 10대라고요!" 하고 말
이에요.

국기에 대한 경례를 거부한 미식축구 선수들

2017년 미국 스포츠는 '국기에 대한 경례' 문제로 시끌벅적했어요. 미국에서 가장 인기 있는 스포츠인 미식축구 리그에서는 경기를 시작하기 전 국가 연주를 하거든요. 그러면 선수와 관중들은 국가에 대한 존경심을 표현하는 의미로 모두 자리에서 일어나요. 그런데 자기 나라, 미국에 대한 존경심을 표현하는 걸 거부하는 선수들이 하나둘 늘어났거든요. 도대체 무슨 일이 일어났던 걸까요?

처음 국기에 대한 경례를 거부한 건 콜린 캐퍼닉이라는 선수였어요. 2016년 8월, 캐퍼닉은 경기 전 국가가 울릴 때 일어서지 않고 혼자 무심한 듯 앉아 있었어요. 왜 그랬을까요? 기자들이 이유를 물어보자 캐퍼닉은 대답했어요. "나는 흑인과 유색인을 억압하는 나라의 국기에 자부심을 보이지 않을 겁니다." 그 당시 아무런 무기도 갖고 있지 않던 흑인들이 경찰 총에 맞고 사망한 사건이 여러 차례 발생했거든요. 캐퍼닉은 미국 경찰과 국가 기관이 흑인을 잠재적인 범죄자로 취급하고, 똑같은 잘못을 해도 훨씬 가혹하게 처벌하는 것에 화가

샌프란시스코 포티나이너스의 콜린 캐퍼닉(가운데)과 동료들이 소수 인종에 대한 경찰의 폭력에 항의하며 국가 연주 때 일어서지 않고 무릎을 꿇은 채 앉아 있는 모습(2016년).

났어요. 그래서 차별에 항의하기 위해 국기에 대한 경례를 거부한 거예요.

그런데 캐퍼닉의 저항을 불편하게 여기는 사람들이 많았어요. 한국에서도 태극기를 함부로 다루거나, 애국가를 장난스럽게 부르는 건 무례하다고 생각하잖아요? 국기나 국가는 그 나라의 상징이니까 국기에 대한 경례를 거부하는 건 자신이 사는 나라를 부정하는 것처럼 보일 수 있거든요. 아니나 다를까! 미국 대통령 트럼프는 직접 캐퍼닉을 비난했어요. 욕까지 섞어 가며 "이런 녀석들은 당장 경기장에서 끌어내야 한다"고 했지요.

하지만 캐퍼닉의 저항에 함께하는 사람들이 늘어났어요. 다른 팀의 동료들도 국가 연주가 시작되면 무릎을 꿇고 팔짱을 끼며 '우리도 함께 거부한다'는 표현을 했거든요. 어떤 선수는 보란 듯이 국가 연주가 끝난 다음에야 경기장에 나타났어요. 미식축구팀의 구단주들 역시 정식으로 트럼프 대통령의 발언에 항의했어요.

그리고 누구보다 힘이 된 건, 약 50년 전인 멕시코 올림픽의 두 영웅, 스미스와 카를로스였답니다. 이들이 누구냐고요?

1968년 올림픽 200미터 달리기 경주에서 각각 1위와 3위를 차지했던 미국 육상 대표예요. 두 흑인 선수는 올림픽 시상식 때 신발을 벗고 시상대에 올라섰어요. 미국 국기가 올라가고 국가가 연주되는 동안 조용히 고개를 숙이고 하늘을 향해 검은 장갑을 낀 손을 높이 치켜들었지요. 신발을 벗은 것은 흑인들의 가난을 표현하기 위해서였고, 검은 장갑은 단지 흑인이라는 이유로 폭행당하고 죽은 사람들을 기리기 위한 것이었죠. 저항의 의미를 담은 이러한 퍼포먼스 때문에 두 사람은 올림픽 기간 중 쫓겨났어요. 나중에는 선수 자격도 빼앗겼죠. 하지만 이 두 선수의 용기는 전 세계 사람들에게 전해졌고, 아직까지도 우리에게 중요한 사실을 말해 주고 있어요. 국가에 자부심을 갖는다는 게 어떤 것인지 생각해 봐야 한다는 것 말이죠.

나라를 사랑하는 마음이 억지로 생겨날 수 있을까요? 국기나 국가에 예의를 표현하는 것도 물론 가치 있는 일이에요. 하지만 만일 우리가 살고 있는 나라가 누군가를 차별한다거나, 못된 일을 일삼는다면 나라에 대한 자부심을 갖기 어려울 거예요. 그리고 마치 그런 일

스미스와 카를로스가 시상식에서 고개를 숙인 채 검은 장갑을 낀 주먹을 하늘로 내뻗어 인종 차별에 항의하는 모습(1968년).

이 없다는 듯 무조건 믿고 따르라고 강요하는 나라라면, 아무렇지도 않게 국기를 향해 일어나 경례하는 일이 더 고통스럽지 않을까요? 스미스와 카를로스는 캐퍼닉과 그를 지지하는 동료들이 자랑스럽다고 말했어요. 겉으로 애국심을 표현하는 '형식'보다, 함께 살아가는 나라 안에서 '불의와 차별을 없애고 모두가 행복한 나라를 만드는 일'이 더 중요하다는 의미였을 거예요.

다양성을 대표하는 '국가 대표'

2018년 평창 동계 올림픽 개최를 앞두고 미국과 캐나다에서 온 아이스하키 선수 일곱 명, 러시아에서 온 바이애슬론 선수 두 명이 한국 국적을 얻고 국가 대표 선수가 되었어요. 이렇게 다른 나라 사람이 새로운 나라에 와서 국적을 얻어 그 나라 국민이 되는 것을 '귀화'라고 해요. 동계 스포츠 협회들은 평창 올림픽을 위해 우수한 외국 선수들의 특별 '귀화'를 적극 추진했지요. 올림픽은 세계 랭킹에 따라 참가 자격이 주어지는데, 당시 한국 선수들 랭킹으로는 참가가 불가능한 종목들이 있었거든요. 그래서 훌륭한 실력을 갖췄지만 자신의 나라에서 국가 대표로 선발되지 못한 외국의 선수들에게 한국 국적을 주고 한국 대표 선수로 출전할 수 있도록 했던 거예요.

그런데 이런 시도에 곱지 않은 시선도 있었어요. 운동선수에게 허용되는 '특별 귀화'는 말 그대로 특별한 혜택이 많았기 때문이에요. 한국어나 역사 시험을 볼 필요도 없고, 한국에 얼마 동안 꼭 살아야 한다는 조건도 없었어요. 본래 가지고 있던 국적을 포기할 필요도 없고요. 그렇다 보니, '너무 쉽게 한국 사람 되는 거 아니야?' 하는 불만이 생기는 거죠.

하지만 여기에는 걱정이나 두려움도 있는 거 같아요. 피부색과 생김새, 핏줄이 '다른' 사람들이 한국을 대표하는 것에 대한 거부감 말이에요. 예를 들어 케냐 출신 마라토너 에루페 선수가 얼마 전 특별 귀화를 했는데, 그 과정에서 많은 반대가 있었어요. 그런데 그 이유 중 하나가 바로, 한국의 마라톤에는 '민족의 혼'이 담겨 있어야 한다는 거였어요. 그래서 흑인이 한국 대표 선수가 되는 건 상상할 수 없다는 거였어요.

사람들이 이런 거부감을 드러내는 이유는 아마도 '한국적인 것은 이런 거야'라는 고정 관념 때문일 거예요. 올림픽 같은 국제 대회는 국가 대항으로 열리잖아요. 그러다 보니까 사람들은 국가 대표를 '한국적인 상징'으로 생각하는 거지요. 마치 '애국가', '태극기', '아리랑', '김치'처럼요. 그래서 한국적인 외모, 문화가 없는 외국인이 그 자리에 서면 어색하다고 느끼는 거예요.

그런데 말이죠, '한국적'이라는 게 무엇일까요? 기준이 되는 어떤 모습이 딱 정해져 있어서 거기에 맞아야 한국적인 사람이 되는 걸까요? 아니면 어디에서 왔든, 어떤 피부색을 가졌든, 지금 한국에 사는 사람들의 어우러진 모습 그 자체가 '한국적'인 것일까요?

옛날 사람들은 대부분 태어난 곳에서 살다가 삶을 마감했어요. 하지만 지금은 일자리를 얻기 위해, 꿈을 좇아서, 또는 전쟁이나 재난을 피해서 많은 사람이 다른 도시, 다른 나라를 향해 움직이고 있어요. 여러분도 10년 후에는 세계 어느 곳에서 어떤 꿈을 펼쳐 나가고 있을지 몰라요. 또한 한국도 이제 다양한 문화적 배경을 가진 사람들이 함께 어울려 생활하는 곳이 되었어요. 그렇다면 지금 한국의 '다양한' 모습을 그대로 보여 주는 다양한 얼굴의 선수들이 진짜 '국가 대표' 아닐까요? 또 다양한 배경을 가진 사람들이 국가 대표가 되었을 때, 우리도 열린 마음으로 서로를 이해하고 어울릴 수 있지 않을까요?

영국은 왜 네 개의 팀이 월드컵 축구 대회에 출전할까?

축구가 탄생한 나라인 영국에서는 네 개의 팀이 월드컵 예선에 출전한다는 사실 알고 있어요? 영국은 네 개의 작은 나라들_{북아일랜드, 스코틀랜드, 웨일스, 잉글랜드}로 이루어진 '연방국'이거든요. 그래서 각 지역을 대표하는 팀이 모두 유럽 예선전에 나가요. 그러니까 성적이 좋으면 두 개 이상의 팀이 본선에 나갈 수도 있어요. 실제로 스웨덴에서 열렸던 1958년 월드컵 축구 대회에는 북아일랜드, 스코틀랜드, 웨일스, 잉글랜드, 이 네 개의 영국 팀들이 모두 본선에 출전했어요. 참 이상하죠? 대부분의 나라들이 한 개의 대표 팀만 출전시키는데 왜 영국만 유별나게 따로 출전할까요?

어떤 사람들은 영국이 네 개의 나라가 합쳐서 이루어진 연방국이기 때문에 그렇게 된 거라고 말해요. 하지만 정확한 대답은 아니에요. 왜냐면 영국 말고도 유럽에는 스위스나 독일 같은 연방국들도 많지만, 그런 나라들은 오직 한 팀만 출전하거든요. 그래서 어떤 사람들은 영국이 축구를 발명한 종주국이기 때문에 네 개 팀이 출전할 수 있는 특권을 얻게 되었다고 주장해요. 하지만 그럴 리가 없죠. 다른 나라들이 이런 불평등을 호락호락 받아들였을 거라고 생각하기는 힘들어요. 그렇다면 이 궁금증의 해답은 어디에서 찾을 수 있을까요?

바로 유니폼에 있답니다. 월드컵에 출전하는 팀의 유니폼에는 자기 나라 축구 협회를 상징하는 엠블럼을 붙여요. 한국은 파란 바탕에 하얀 호랑이가 그려진 대한축구협회[KFA] 마크지요. 네이마르가 뛰는 브라질 팀도, 메시가 뛰는 아르헨티나 팀도 마찬가지예요. 국기를 단 팀은 거의 없어요. 모두 자기네 축구 협회의 엠블럼을 달고 있어요. 그래서 국제축구연맹[FIFA]이 주관하는 월드컵 대회는 엄밀하게 말해서 국가 대항전이 아니에요. 국제축구연맹 자체도 각 나라의 정부 대표들이 모이는 국제 연합[UN] 같은 기구와 그 성격이 달라요. 월드컵 축구 대회는 국가 간 대결이 아니라, 국제축구연맹에 가입한 전 세계의 축구 협회들이 모여서 치르는 대결인 거죠. 다만 국제축구연맹이 대부분의 국가에서 단 한 개의 축구 협회만을 공식적으로 인정하기 때문에 마치 국가 간 대결인 것처럼 보이는 것뿐이에요.

그러니까, 영국에서 네 개의 팀이 월드컵에 출전할 수 있는 이유는 간단해요. 월드컵이 시작된 1930년 이전에 잉글랜드[1863년], 스코틀랜드[1873년], 웨일스[1876년], 그리고 북아일랜드[1880년]는 이미 자신들의 지역에서 서로 다른 축구 협회를 만들어서, 축구를 가르치고 즐기고 있었거든요. 월드컵 경기를 주관하는 국제축구연맹이 생긴 건 1904년

2002년 월드컵 포르투갈 전에서 결승골을 넣고 세리머니하는 박지성 선수.

대한축구 협회(KFA) 엠블럼.

이고, 영국에 있던 이 네 개의 축구 협회 모두 1905년부터 1911년 사이에 가입을 했어요. 1950년 월드컵에 처음 출전하면서, 영국에 있던 네 개의 축구 협회는 당연히 각각 따로 팀을 만들어 나오게 되었지요.

홍콩의 경우도 비슷해요. 홍콩은 약 150년 동안 영국의 식민지였다가, 1997년 중국에 반환되었어요. 영국의 식민지 기간이었던 1909년에 홍콩축구협회가 생겼는데, 홍콩이 중국에 반환된 이후에도 홍콩축구협회는 중국축구협회와 합쳐지지 않았어요. 그래서 홍콩은 중국과는 따로 월드컵 예선에 출전해요. 만일 남한과 북한이 통일이 된 후에도 남한과 북한의 축구 협회가 합쳐지지 않고 따로 남아 있게 된다면, 대한민국도 두 개의 팀이 월드컵에 나갈 수도 있다는 얘기죠. 물론 국제축구연맹이 허락해 줄지는 모르겠지만요.

월드컵 축구 대회가 나라끼리 겨루는 대회가 아니라는 사실을 알고 나면 다음과 같이 생각이 달라질 수 있어요. 첫째, 월드컵 중계방송을 볼 때, "네~ 우리 한국이 일본을 이겼습니다!"라는 해설자의 말이 조금 어색할 거예요. 정확히 말하면 '한국 팀'이 '일본 팀'을 이긴 것뿐이니까요. 재미있게 경기를 보라고 그러는 건 이해가 되는데, 마치 승패에 나라 전체의 운명이 걸린 것처럼 과장하는 건 좀 부담스럽지요.

둘째, 월드컵 축구 대회가 갖는 의미에 대한 거예요. 월드컵을 국가 대항전으로 생각하면 수단과 방법을 가리지 말고 꼭 이겨서 대한

민국이 강하다는 걸 보여 줘야만 할 거 같아요. 하지만 민간단체인 축구 협회끼리의 대결이라고 생각하면, 전 세계 축구를 사랑하는 사람들이 4년 동안 열심히 갈고닦은 기량을 선보이는 축제의 자리가 돼요. 그런 눈으로 보면 오로지 국가 대표 팀의 경쟁력에 매달리는 나라보다는 국민들이 축구를 사랑하고 즐기는 나라가 더 축구를 잘하는 게 아닐까요?

이제 왜 영국은 네 개 팀이 월드컵에 출전하는지 알겠지요? 그리고 나라끼리의 경쟁보다 스포츠 그 자체를 즐기는 게 더욱 중요하다는 것도 느꼈을 거 같아요. 나라를 대표한다는 생각 때문에 과도하게 대표 팀의 경기 결과에 자존심을 걸고 흥분하는 것보다, 정말 나라를 대표한다고 여길 만큼 그 스포츠가 널리 사랑받도록 하는 게 훨씬 중요한 거 같아요. 그러다 보면 좋은 성적은 따라오게 마련이니까요. 튼튼한 저변을 가진 독일, 브라질 같은 나라가 매번 월드컵 대회에서 좋은 성적을 거두는 것처럼요.

4장

스포츠 속의
불평등과 저항

스포츠는 불평등한 세계의 모습을 비춰 줘요. 백인이 테니스와 골프를, 흑인이 농구와 육상을 더 많이 하는 건, 취향의 문제만은 아니거든요. 누군가는 쉽게 취미로 할 수 있는 스포츠를 다른 누군가는 목숨을 걸고 하기도 해요.

그런가 하면 스포츠에는 그런 불평등에 저항하는 모습도 있어요. 흔히 '저항' 하면 '거센 행동'을 떠올리는데, 그렇지 않아요. 저항은 평범하고 자연스러운 삶을 방해받을 때에 시작돼요. 달리고 싶은데 여자라고 해서 못 하게 할 때, 밥을 먹고 싶은데 흑인이라고 식당에서 쫓겨날 때, 힘없는 친구의 편을 들어 주는데 정치적이라고 금지할 때, 이처럼 당연한 권리를 누릴 수 없으니까 일어나 싸울 수밖에 없는 거지요. 어쩌면 '저항'이란, 자유롭고 싶은 평범한 사람들의 가장 자연스러운 몸짓 아닐까요? 여기 해맑은 마음으로 소박한 꿈을 꾸다가 저항의 아이콘이 된 스포츠 스타들을 함께 만나 봐요.

육상 경기에는 왜 흑인 선수들이 많을까?

혹시 올림픽이나 세계 육상 경기 대회의 100미터 달리기 결승전을 본 적 있나요? 출발선에 서서 준비하고 있는 선수들을 보면, 대부분 검은 피부를 갖고 있어요. 세계에는 다양한 인종이 있는데, 왜 달리기 결승전에는 흑인 선수가 많을까요? 흑인이 정말 세계에서 가장 달리기를 잘하는 인종이기 때문일까요? 아니면 다른 이유가 있는 걸까요?

그동안 사람들은 '흑인들은 유전적으로 뛰어난 운동 능력을 타고났다'고 생각했었어요. 100미터 달리기 결승전뿐 아니라, 미국 프로 농구NBA와 미식축구NFL를 봐도 대부분이 흑인 선수들이니까요. 르브론 제임스 같은 농구 선수가 높이 점프해서 멋지게 슬램덩크라도 하면 사람들은 쉽게 결론 내리죠. "흑인들은 모두 운동선수 자질이 있군!", "역시 흑인들은 몸놀림이 남달라!"

물론 인종마다 신체적 특징이 있기 때문에 흑인들이 몇 가지 종목에서 유리할 수는 있어요. 그런데 다른 인종에 대해서는 이런 해석이 일반적이지 않다는 거예요. 예를 들어 올림픽 수영 경기 결승전을 보면 백인 선수들의 숫자가 많잖아요? 하지만 어느 누구도 백인들이 '운동을 잘하도록 타고났다'거나 '수영 유전자를 갖고 있다'고 생각하지는 않거든요. 대신 얼마나 노력을 많이 했는지, 어떤 작전을 썼는지와 같은 면이 강조되지요.

그러니까 '흑인은 모두 타고난 운동선수'라는 말 속에는 공정하지 못한 점이 있어요. 마치 흑인들은 운동만 잘할 수 있고 다른 분야에는 재능이 없는 것처럼 여겨지게 하거든요. 이런 인식은 현실에 부정적인 영향을 미쳐요. 미국의 많은 흑인 어린이들이 운동선수로 성공할 수 있다는 환상을 갖고 운동에만 지나치게 몰입하게 된대요. 하지만 현실은 냉정하지요. 농구의 경우 선수 1만 명당 1명 정도만이 결국 프로 리그NBA에 진출할 수 있다고 하니까요.

그래서 요즘에는 흑인들이 스포츠에서 활약하는 이유를 유전적인 재능보다 사회적 환경으로 설명해요. 모두 알다시피, 미국은 과거 인종 차별이 심했잖아요. 지금도 곳곳에 그런 흔적이 남아 있고요. 그런 사회에서 흑인들이 성공할 수 있는 길은 제한되어 있었어요. 바로 대중 예술가나 운동선수 같은 분야예요. 여기에 흑인들이 몰렸고, 그 안에서 성공의 기회를 잡기 위해 필사적인 노력을 했다는 거죠. 그 과정에서 성공한 운동선수들도 많이 나왔다는 거예요.

때로는 스포츠를 볼 때 경기장 밖의 현실에서 일어나는 일들에 주목할 필요가 있어요. 경기장 안 100미터 달리기 출발선 앞에 선 여덟

명의 선수들만 보면, 누구나 '흑인은 달리기를 잘하는 인종이군!' 하고 생각하기 쉽거든요. 하지만 경기장 너머 세상에서 흑인이 처한 환경을 이해하고 나면 달리기 결승전은 세상의 차별과 불공평을 보여주는 장면이 돼요. 그 뒤에는 공평한 기회가 주어지지 않아 스포츠와 같은 몇 가지 분야에 매달려야 했던 현실이 감춰져 있을지도 모르니까요.

대륙을 건넌
제라드의 꿈

아프리카 서쪽 '기니'라는 나라에 사는 소년 '제라드'는 축구 선수가 되고 싶었어요. 텔레비전으로 유럽 프로 축구 리그 경기를 보며 꿈을 키웠고, 동네에서도 축구 하다가 골을 넣으면 마치 유럽에서 뛰는 선수들처럼 멋진 세리머니를 하기도 했지요.

제라드가 16살이던 어느 날, 이 소년의 축구 실력을 지켜본 낯선 아저씨들이 다가와 말을 걸었어요.

"너 혹시 유럽에 가서 축구해 볼 생각 없니?" 유럽의 명문 축구 클럽에서 테스트를 제안했다는 말에 들뜬 가족들은 회의를 열었어요. 그리고 제라드를 유럽으로 보내기 위해 가족의 땅을 팔아 돈을 모으기로 결정했어요. 항공비는 물론, 유럽에 머무는 동안의 숙식을 해결하기 위해 얼마간의 돈이 필요했거든요. 큰돈이었지만, 가족들은 제라드가 축구 선수로 성공할 수만 있다면 이 정도는 투자할 수 있다고 생각했어요.

프랑스에 도착한 제라드는 아저씨들을 따라 이 클럽, 저 클럽을 다니며 테스트를 받았어요. 그곳에는 세계 각지에서 모여든 재능 넘치는 선수들이 많았지요. 그런데 몇 주가 지나자 아저씨들이 더 이상 찾아오지 않았어요. 돈도 여권도, 모든 서류도 아저씨들이 가지고 가버렸어요. 결국 제라드는 방값조차 내지 못해 숙소에서도 쫓겨났어요. 제라드는 기니로 돌아가고 싶었지만, 가족에게 부끄럽고 미안해서 그럴 수가 없었어요. 무슨 일을 하든 여기, 프랑스에서 성공해야겠다고 마음먹었어요. 그렇게 제라드는 불법 체류자가 되었어요.

프랑스에는 제라드처럼 축구 선수가 되기 위해 유럽에 건너왔다가 갈 곳을 잃어버린 서아프리카의 소년들이 많대요. 제라드는 그나마 운이 좋아 진짜 클럽에서 테스트라도 받을 수 있었대요. 대부분은 유럽에 도착하자마자 돈과 여권을 빼앗기고 버려진다니까요. 2005년 이후 가나, 토고, 세네갈, 코트디부아르, 기니 등의 나라에서 축구 선수가 되기 위해 프랑스로 건너온 사람들이 7000명이나 되는데, 그중 18세 이하의 청소년이 70퍼센트를 차지한다고 해요.

서아프리카의 소년들이 축구 선수가 되기 위해 홀로 대륙을 건너는 건 누구의 잘못일까요? 우선, 소년들을 유혹해서 돈을 빼앗는 사기꾼들을 탓할 수 있을 거예요. 하지만 어떤 사람들은 유럽의 명문 축구 클럽들의 잘못이라고 말해요. 축구 클럽들은 어린 선수와 싼값에 계약한 뒤, 나중에 비싼 값에 다른 클럽에 팔아넘기는 식으로 돈을 벌거든요. 그래서, 전 세계를 돌며 어린 선수들을 불법으로 데려오는 사기꾼들도 생긴다는 거예요.

진짜 문제는 사기를 당할 위험을 무릅쓰고서라도 벗어나고 싶을 만큼 열악한 고향의 현실인지도 몰라요. 유럽에 온 아프리카의 소년들은 이렇게 말해요.

"우리도 사기당할 수 있다는 걸 모르는 게 아니에요. 모르는 사람을 따라 유럽에 가는 게 위험한 일이라는 것도 잘 알고요. 하지만 가난한 고향에 남아 있는 것보다, 유럽에 가면 적어도 새로운 도전을 할 기회라도 얻을 수 있을 테니까요."

축구를 하기 위해 고향을 떠나는 게 아니라, 축구만이 고향을 떠나기 위한 유일한 방법이라는 거예요.

이처럼 축구 선수가 되고 싶은 꿈을 접은 채, 고향에 있는 가족의 기대를 짊어지고 낯선 땅에서 삶을 헤쳐 나가는 소년들을 생각하면 마음이 아려요. 더 부유한 나라와 그렇지 않은 나라 사이에서 축구라는 돈벌이에 얽혀 자라나고 버려지는 소년들의 꿈은 어떻게 해야 할까요? 어쩌면 우리가 안방에서 시청하는 화려한 유럽 프로 축구 리그의 무대 뒤편에는 그 소년들의 못다 이룬 꿈들이 떠돌고 있는 건 아닐까요?

전설의 복서
무함마드 알리

조금 특별한 전설의 '스포츠 스타'가 있어요. 왜 특별하냐고요? 이 선수는 남들이 뭐라고 하든지 자기가 최고 위대하고 자기가 제일 잘 생긴 사람이라고 믿었거든요. 심지어 남들도 그렇게 믿게 만들었던 괴짜이자 매력 덩어리였어요. 누구일까요? 그건 바로, 누구나 한 번쯤은 이름을 들어 봤을 복싱 영웅, '무함마드 알리'예요.

알리는 1942년 미국의 켄터키 주에서 태어났어요. 열두 살 때 복싱을 시작했는데, 각종 복싱 대회를 휩쓸며 이름을 날리기 시작했어요. 그리고 꼭 올림픽에 나가서 금메달을 따리라고 결심했대요. 왜일까요?

당시 미국 사회는 인종 차별이 극심했어요. 백인들만 들어갈 수 있는 식당이 따로 있을 정도였지요. 흑인이라는 이유만으로 길에서 욕설을 듣거나 얻어맞기도 했어요. 이런 차별 속에서 자라면서, 소년 알리는 '아무리 흑인이라도 미국을 대표에서 금메달을 따면 백인들로부터 차별받지 않겠지?' 하고 생각했대요. 하지만 현실은 생각보다 가혹했어요. 1960년, 18살의 어린 나이로 로마 올림픽에서 금메달을 따고 돌아왔지만, 알리는 고향의 한 식당에서 흑인이라는 이유로 쫓겨나고 말거든요.

바로 그해 프로 선수로 데뷔한 알리는 4년 만에 22살의 나이로 헤비급 세계 챔피언에 올라요. 무시무시한 펀치를 자랑하던 당시 챔피언 소니 리스턴 선수에게 도전하면서 유명한 말을 남겼지요. "나비처럼 날아 벌처럼 쏜다!"고요. 워낙 쾌활한 성격에다 말솜씨가 좋았던 알리는 그 이전의 흑인 복싱 선수들과 특별히 다른 점이 있었어요. 예전에는 흑인 선수가 백인 선수와 경기 할 때 관중들 눈치를 봤어요. 쉽게 이겨서는 안 됐어요. 그러면 백인 관중들이 화나 가서 경기를 보러 오지 않을 테고, 흑인 선수들도 돈을 받지 못하게 될 테니까요. 그렇다 보니 흑인 선수들은 늘 주눅이 들어 있었어요.

하지만 알리는 달랐어요. 인터뷰에서 당당하게 흑인으로서의 자부심을 드러냈고, 공공연히 백인 중심의 사회 질서를 조롱했어요. 그리고 "내가 가장 위대한 사람, 가장 잘생긴 사람"이라고 으스댔어요. 미국의 신문과 텔레비전은 이 장난기 가득한 챔피언의 이야기를 전하기에 바빴어요.

그런 알리 선수가 눈엣가시였던 걸까요? 미국 정부는 갑자기 알리에게 군대에 가라고 명령해요. 알리가 챔피언으로 승승장구할 때이자, 미국이 베트남에서 전쟁을 벌이고 있던 1967년의 일이에요. 알리는 도무지 이해할 수가 없었어요. 흑인을 사람답게 대접하지도 않는 그의 나라 미국이, 못된 전쟁을 위해서 갑자기 흑인들을 불러 모은다는 게 말이지요.

"왜 나한테 군복을 입고 집을 떠나 베트남의 형제들에게 총을 쏘라고 하는 거예요? 나는 미국에서 기본적인 권리조차 누리지 못하고 개처럼 취급받는 검둥이일 뿐인데."
"나는 그들과 싸울 이유가 없어요. 베트남 사람들은 나를 검둥이라고 놀린 적도 없는 걸요."

전쟁을 반대했던 알리는 이렇게 말하며 군 입대를 거부했어요. 그리고 그 대가로 재판에 회부됐고 챔피언 벨트와 선수 자격도 빼앗겼어요. 하지만 그는 기죽지 않았어요. 왜 전쟁을 반대해야 하는지, 왜 인종 차별이 사라져야 하는지 더더욱 많은 사람들에게 알리고 다녔어요. 그리고 4년 만인 1971년, 미국 대법원은 만장일치로 알리의 무죄를 판결해요. 평화와 평등에 대한 알리의 신념이 승리하는 순간이었어요. 그 후 링으로 복귀한 알리는 두 번 더 세계 챔피언에 올랐고, 1981년 완전히 은퇴했어요.

알리 선수의 용기는 많은 이들에게 영향을 미쳤어요. 인종 차별 폐지와 전쟁 반대를 외치던 전 세계의 사람들에게 큰 힘이 되었어요. 또 알리를 보고 자란 어린이들은 사회를 걱정하고 불의에 맞서 싸우는 것도 시민의 중요한 역할이라 생각하게 됐어요. 그리고 무엇보다,

세계의 복싱 영웅 무함마드 알리(왼쪽)가 1967년 당시 흑인 인권 운동의 상징적 인물이었던 마틴 루터 킹(오른쪽) 목사와 인터뷰를 하는 모습. 이들은 모두 양심적 병역 거부자였다.

알리의 당당함은 흑인들뿐 아니라 평범한 사람들에게도 큰 용기를 줬어요. 많은 사람들이 남들과 닮아 가려 애쓰고, 손가락질 받는 부분이 있으면 어떻게든 숨기려고 하잖아요? 그런데 알리는 오히려 남들이 무시하는 부분을 당당히 드러내고는, 오히려 그들에게 '있는 그대로 받아들이라'고, '내게 익숙해지라'고 말했거든요.

"내가 미국입니다. 나는 당신들이 좋아하는 부류는 아니죠. 하지만 나한테 익숙해지세요! 까맣고, 자신감 있고, 건방진 그 모습 그대로. 내 이름은 당신들의 이름과는 좀 다르죠. 내 종교도 당신들의 종교와는 다릅니다. 그러나 내 목표? 그건 내 것입니다. 그냥 나에게 익숙해지세요."

금지된 골 세리머니

 1990년대 후반 잉글랜드 프리미어 축구 리그의 '리버풀' 팀에는 '로비 파울러'라는 선수가 있었어요. 놀라운 득점력으로 자주 팀을 위기에서 구해 냈기 때문에 리버풀 팬들은 그를 '신神'이라고 불렀지요. 비록 잉글랜드 축구 대표 팀에서 크게 활약하지는 못했지만, 프리미어 리그에서 총 162골역대 6위의 기록을 넣은 살아 있는 전설 중 한 명이에요.

 그런데 1997년 유럽의 클럽 축구 대회에서 로비 파울러 선수는 두 번째 골을 터뜨린 후에 사진에서처럼 유니폼 윗도리 안에 적힌 메시지를 보여 줬다는 이유로 벌금을 물게 돼요. 도대체 무엇이 적혀 있었기에 그랬을까요?

 로비 파울러 선수가 유니폼 안에 입고 있던 건, 당시 2년째 해고 상태에 있던 500명의 항구 부두 노동자들을 지지하기 위해 만든 티셔츠였어요. 언뜻 유명한 패션 브랜드인 캘빈클라인CK을 연상시키지만, 그건 주목을 끌기 위한 디자인일 뿐이에요. 자세히 들여다보면,

유니폼을 걷어 올려 리버풀 부두 노동자들을 위한 티셔츠를 드러낸 로
비 파울러 선수.

"1995년 9월부터 해고된 500명의 리버풀 부두 노동자들dockers"이라
고 쓰여 있어요. 로비 파울러 선수는 노동자들의 절박한 상황을 알리
고, 축구팬들에게 지지를 호소하려던 거였어요. 그런데 로비 파울러
선수의 행동은 유럽축구연맹UEFA의 규정을 위반한 것이었어요. "경
기장 안에서는 어떤 '정치적' 행위도 할 수 없다"는 조항이 있었거든
요. 그래서 연맹은 로비 파울러 선수에게 벌금을 물려요.

　그렇지만 박수를 보내는 사람들도 많았어요. 특히 우루과이의 언론인이자 작가인 에두아르도 갈레아노는 훗날 자신의 책 『축구 그 빛과 그림자』에서 유럽축구연맹의 징계에 대해 어떤 게 정말 '정치적'인 것인지 되물어요. 사람들은 '정치'라고 하면 텔레비전에 나오는 정치인들, 국회나 정부, 시위하는 사람들을 먼저 떠올리기 마련이지요? 하지만 갈레아노는 축구 경기장이야말로 매우 정치적인 장소라고 말해요.

생각해 봐요. 프로 축구팀 선수들이 입는 유니폼에는 언제나 큰 기업들의 로고가 붙어 있잖아요? 잉글랜드 프리미어 리그의 맨체스터 유나이티드 팀 유니폼에는 자동차 회사인 '쉐보레'의 로고가 붙어 있어요. 손흥민 선수가 뛰고 있는 토트넘 팀은 'AIA 생명' 로고를 달고 뛰고요. 잉글랜드의 유명 팀 첼시는 2005년부터 10년간 한국 기업인 '삼성'의 로고를 달고 뛰기도 했지요. 축구팀들은 거액의 후원금을 받는 대가로 기업의 로고를 유니폼에 붙여요. 그러면 축구 경기를 자주 보는 전 세계의 축구팬들이 이런 기업들을 친근하게 생각하게 되고요. 심지어 환경을 오염시킨다든지, 노동자들을 비겁하게 해고한다든지, 그 밖의 나쁜 일을 저지르더라도 말이에요. 이렇게 돈이 많은 기업들만 선전할 기회를 주는 거, 그게 바로 정치적이라는 거지요.

왜 축구 연맹은 힘이 센 '대기업'의 광고는 환영하면서도, 힘이 약한 '노동자들'에게 용기를 주는 골 세리머니는 '정치적'이라고 금지하는 걸까요? 당연히 돈 때문이에요. 오늘날의 축구가 대기업들이

후원하는 큰돈 없이는 불가능할 정도로 상업화되었으니까요. 그렇다고 해서 부당한 대우를 받는 이웃을 돕기 위한 세리머니를 처벌하는 게 과연 바람직할까요? 20년이 지난 지금까지도 로비 파울러 선수의 세리머니가 축구 역사의 명장면으로 기억되는 이유는, 자신의 팬들이자 이웃인 부두 노동자를 먼저 생각했던 따듯한 마음 때문일 거예요.

잘할 때는 '우리', 못할 때는 '남'? -프랑스 축구 대표 팀의 이민자 선수들

프랑스 시민들 가운데 약 3분의 1정도는 아프리카에서 온 이민자들이에요. 제국주의 시대 프랑스는 알제리, 모로코, 세네갈 등 서아프리카 지역을 점령했었거든요. 2차 세계 대전 후 이 나라들은 독립했지만, 프랑스 정부는 부모 중 한 사람이라도 해방 전 프랑스의 식민지에서 태어난 경우, 프랑스 국적을 인정했어요. 그래서 많은 사람들이 일자리를 찾아 프랑스로 건너왔지요.

그런데 아프리카 이민자들은 대체로 도시 주변부에서 가난한 삶을 꾸려 왔어요. 안정적인 일자리를 얻기도 힘들었고요. 이런 환경에서 아프리카 이민 가정의 어린이와 청년들은 유럽 최고의 인기 스포츠 선수, 즉 축구 스타가 되기를 꿈꿔요. 그 결과 우수한 축구 선수들이 많이 배출되었고, 프랑스 축구 대표 팀에 없어서는 안 될 소중한 일원이 되었지요. 지난 2018 러시아 월드컵에서 우승한 프랑스 축구 대표 팀 23명의 선수 중 21명이 이민자 가정 출신이었고, 그중 움티티(카메룬), 음바페(알제리), 포그바(기니) 등 아프리카계는 무려 15명이었답니다.

프랑스 축구 대표 팀 선수들의 다양한 출신 배경은 약 20년 전 1998년 프랑스 월드컵 대회부터 화제가 되었어요. 당시 프랑스 축구 대표 팀 선수들 중 12명이 이민자 또는 이민 2세였거든요. 지금은 축구의 전설로 불리는 지단, 앙리, 비에이라 등을 포함해서요. 이 선수들이 자국에서 열린 월드컵에서 우승했을 때 전 세계 언론은 극찬했어요. 프랑스 대표 팀이 우승할 수 있었던 비결은 이민자들에게 공평한 기회를 준 프랑스 사회의 넓은 마음이라고 설명하면서요. 그리고 프랑스 대표 팀이 상징하는 '다양성'은 사회 통합에 한 발짝 더 다가가는 것처럼 보였어요.

그런데 그건 어디까지나 프랑스 대표 팀이 프랑스 국민들의 자존심을 세워 줄 때에만 해당하는 것 같아요. 2010년 남아공 월드컵 조별 예선에서 프랑스 대표 팀이 1무 2패로 탈락하자, 프랑스 사람들은 아프리카와 아랍 출신의 이민자 선수들, 그리고 무슬림으로 개종한 리베리 선수 등을 심하게 비난했어요. 프랑스에 대한 애국심이 약한 선수들 때문에 팀이 분열됐고, 그래서 경기를 못했다고 하면서요. 심지어 2011년에는 프랑스 축구 협회가 장차 국가 대표로 자라날 유소년 선수들 중에 흑인과 아랍 출신 선수가 너무 많다며 그 비율을 제한하려 하기도 했어요.

그런데 이런 분위기가 정말 축구팀의 저조한 성적 때문이었을까요? 1998년 프랑스 월드컵 우승 이후, 프랑스 사회에서 이민자들의 삶은 그 이전보다 더 어려워졌다고 해요. 벼랑에 내몰린 이민자 출신 청년들은 2005년에 대규모 시위와 폭동을 일으키기도 했어요. 더군다나 유럽 곳곳에서 반복적으로 테러가 발생하면서 프랑스뿐 아니라 유럽 전체에 이슬람 이민자들에 대한 반감이 커졌대요. 이렇게 커져 버린 이민자에 대한 두려움과 증오가 2010년 프랑스 축구 대표 팀의 패배를 설명하는 데 끼어들었던 것은 아닐까요? '꼴 보기 싫은 녀석들이 말썽을 일으켜서 축구도 엉망이군.' 하면서요.

2018년 월드컵에서 우승을 차지한 후 프랑스 축구 대표 팀은 다시 화합의 아이콘으로 떠올랐어요. 월드컵 우승을 '이민자들의 승리'라고 추켜세웠지요. 하지만 '잘할 때는 프랑스 선수, 못할 때면 이민자'가 되는 걸 경험한 대표 팀 선수들에게 이런 분위기가 마냥 달갑지만은 않을 거 같아요. 축구 대표 팀의 선수들뿐 아니라 실제 사회에서 이민자 모두에게 공평한 사회가 되지 않는다면, 이민자들로 구성된 축구 대표 팀의 성공은 허울만 근사하고 속은 텅 빈 껍질에 지나지 않을 거예요. 많은 프랑스 이민자들이 현실에서 경험하는 차별과 혐오를 가리는 위장술밖에는 안 될 테니까요.

5장

운동선수
-노동하고 경쟁하고
협동하는 사람들

스포츠 경기에 참가해 실력을 겨루는 사람들을 '선수'라고 불러요. 승부의 세계에서 기량을 갈고닦는 운동선수들의 세계는 우리들의 삶에서 일어나는 일을 더 극적으로 보여 주는 거 같아요.

훈련장에서는 최고가 되기를 꿈꾸지만, 일상에서는 노동을 하며 저마다의 삶을 꾸려 나가죠. 험난한 승부의 세계에서 라이벌로 경쟁하지만, 또 함께 성장하는 친구들이기도 하고요. 팬들의 사랑과 기대를 받지만, 우리처럼 좌절과 실패를 겪기도 해요. 그래서 어떻게 용기를 내는지 우리에게 알려 주기도 하지요. 이들이 꾸려 나가는 다양한 삶의 모습을 한번 들여다볼까요?

노동하는 올림픽 선수들

올림픽에 참가한 운동선수들은 어떤 사람들일까요? 세계 최고 수준의 실력을 갖춘 선수들이니까 운동을 직업으로 삼고 매일 훈련을 하는 사람들이라고 생각할 수 있어요. 그런데 알고 보면, 한국과 같은 몇몇 나라를 제외하고는 대부분 우리 주변에서 흔히 볼 수 있는 직업을 가진 평범한 사람들이랍니다.

예를 들어 영국의 여자 역도 대표 너태샤 퍼듀 선수는 청소 노동자로 일하면서 2012년 런던 올림픽을 준비했어요. 비슷한 시기 노르웨이의 마라톤 대표 유리게 부타 선수는 건물 관리인으로 일했고요. 오직 시간이 있을 때에만 훈련에 임했지만, 두 선수는 런던 올림픽에서 각각 10위와 36위를 차지하는 성과를 거두었어요.

영국의 사격 대표 에드워드 링 선수는 옥수수를 재배하는 농부예요. 그래서 2016년 리우 올림픽에서 동메달을 따자마자 서둘러 귀국했대요. 옥수수 수확에 바쁜 여름이었기 때문이에요. 아르메니아 최초의 여자 기계 체조 선수로 올림픽에 참가한 호리 게베시안 선수는 간호사로 일하고 있어요. 호주의 복싱 대표였던 이브라임 발라는 배관공이고, 아르헨티나의 카약 대표 미구엘 코레아 선수는 요리사예요. 그 밖에도 소방관으로 일하는 홍콩의 유도 대표 청치입 선수, 매주 60시간씩 건설 노동자로 일하는 미국의 원반던지기 대표 랜스 브룩스 선수, 우체국 집배원으로 일하는 벨기에의 여자 태권도 대표 라헬레 아세마니 선수도 있어요.

직업을 갖고 노동을 하면서 운동선수로 활동하기란 결코 쉬운 일이 아닐 거예요. 일을 마치고 쉬어야 할 때 훈련해야 하고, 쌓인 피로를 풀 시간도 없이 다시 일터로 나가야 할 테니까요. 게다가 전지훈련이나 국제 경기에 출전하려면 일손을 놓아야 하니 안정된 직장을 구하기도 어렵거든요. 그럼에도 많은 선수들이 노동을 하는 이유는 간단해요. 돈이 많든 적든, 일을 하고 싶든 그렇지 않든, 돈을 벌어 집세를 내고 먹거리를 사고, 또 무엇보다 자신들이 사랑하는 스포츠를 계속하기 위해서랍니다.

노동하는 선수들은 일하면서 운동하는 것이 올림픽 메달을 따기에 최상의 여건이 아니라는 걸 잘 알고 있어요. 훈련과 대회 출전에 필요한 지원금을 넉넉히 받으면서 운동에만 전념할 수 있는 선수들이 부러울 때도 있을 거예요. 그렇지만 랜스 브룩스 선수의 말처럼, 먹고살기 위해 "해야 하는 일을 해내는 것"이야말로, 우리들의 삶이 아닐까요?

앞으로 올림픽에 출전하는 선수들 한명 한명의 얼굴을 눈여겨보고, 그들의 평범한 일상 이야기에 귀 기울여 보는 건 어때요? 경기가 끝나면 1등부터 꼴찌까지 순위가 정해지겠지만, 등수만으로는 결코 설명할 수 없는 저마다의 사연과 목표가 있을 거예요. 매일 훈련에 전념할 수 있었던 선수든, 일을 하느라 부족한 시간을 쪼개어 어렵게 훈련한 선수든, 올림픽 무대에 오르기까지 선수들이 매일매일 각자의 노동과 훈련에 쏟아부은 노력만으로도 큰 박수를 받기에 충분할 테니까요.

경쟁과 공존 -라이벌의 겉과 속

 '숙명의 라이벌' 하면 떠오르는 스포츠 선수들이 있지요? 2018년 러시아 월드컵에 출전한 리오넬 메시와 크리스티아누 호날두. 그리고 한국과 일본을 대표했던 피겨스케이팅 스타 김연아 선수와 아사다 마오 선수처럼요. 언뜻 라이벌이라고 하면 서로 으르렁거리는 모습만을 떠올리기 쉬워요. 하지만 라이벌이라고 '경쟁'만 하는 건 아니랍니다. 서로 돕고, 함께 '공존'하는 모습을 보여 주기도 해요. 어떤 모습일까요?

 라이벌 선수들은 경쟁을 통해서 자기만의 강점과 매력을 키워 나가요. 2004년부터 무려 10년간 치열한 라이벌이었던 김연아 선수와 아사다 마오 선수를 예로 들어 볼까요? 아사다 마오 선수는 어릴 적부터 어려운 기술로 알려진 '트리플 악셀'을 굉장히 잘했어요. 그래서 김연아 선수는 트리플 악셀 대신, '트리플 러츠'와 '트리플 토룹'이라는 기술로 자신만의 연기 스타일을 발전시켰지요. 그 결과 아사다 마오 선수는 트리플 악셀을 가장 잘하는 선수가 되었고, 김연아 선수

김연아(가운데)와 아사다 마오 선수(맨 왼쪽).

는 정교한 기술로 '점프의 교과서'라는 찬사를 듣게 되었어요. 그러니까 두 선수가 얼음 위에서 뽐낸 멋진 연기는 자신을 서로에게 비춰보며 함께 발전시킨 결과라고 할 수 있어요.

샛별처럼 등장한 '신인 선수'와 서서히 저물어 가는 '스타 선수'가 라이벌이 되기도 해요. 1960년대를 수놓은 남자 골프의 두 영웅, 아널드 파머와 잭 니클라우스가 딱 이런 경우였답니다. 두 선수는 한동안 엎치락뒤치락 경쟁하며 골프를 세계적인 인기 스포츠로 키웠어요. 그런데 나이가 10살 정도 더 많던 파머가 점차 니클라우스에게 우승을 내주는 경우가 많아졌지요. 이렇게 '세대교체' 중에 나타나는 라이벌 관계는 그 종목의 최고 기량과 전통을 물려주는 과정이기도 해요. 영광을 누려 온 과거의 챔피언은 자신을 발판으로 삼아 실력을 키운 새로운 챔피언이 얼마나 자랑스러울까요?

또한 라이벌 선수들은 오랫동안 깊은 우정을 쌓기도 해요. 2018년 평창 올림픽에서 화제가 된 빙상의 이상화 선수와 고다이라 선수처럼요. 선수들은 우리가 상상하는 것 이상으로 더 자주 만나고, 그러면서 금세 친구가 된대요. 여러 시합에 출전하며 경쟁도 하지만, 대기실에서는 서로 축하하고, 위로하며 서로를 안아 주기도 하거든요.

영어 단어인 '라이벌rival'은 라틴어 'rivalis'에서 왔대요. 그런데 흥미롭게도 라틴어 'rivalis'는 '같은 시냇물을 이용하는 이웃'이라는 뜻을 담고 있대요. '경쟁자'를 뜻하는 '컴페티터competitor'라는 단어도 라틴어 'competere'에서 유래했는데, 이 역시 '함께 노력한다'는 의미를 담고 있고요. 상대를 완전히 눌러 버려야 할 것처럼 들리는 '라이벌'이라는 말에 담긴 '공존'의 의미를 스포츠 선수들이 몸소 보여 주는 거 같지 않아요?

스포츠 선수들은 경쟁에 길들여지고 최적화된 '승부사'예요. 하지만 대부분 상대 선수를 꺾겠다는 마음만 가진 얼치기 승부사가 아니랍니다. 아슬아슬한 승부의 묘미를 함께 만들어 가는 상대를 동반자로 여기고, 서로 존중하며 각자의 실력을 갈고닦아 나가는 '진정한 승부사'지요. 그런 의연함이 스포츠 선수들로부터 배울 수 있는 근사한 모습 중 하나 아닐까요?

여러분의 라이벌은 누구예요? 혹시 어른들이 다른 친구들과 비교하거나 괜한 경쟁을 붙이더라도, 아랑곳하지 않고 '함께'하는 우정을 지켜 나갈 수 있겠지요?

스타와 팬은
친구가 될 수 있을까?

유명하거나 인기가 많은 가수, 배우, 운동선수들을 '스타'라고 부르지요? 밤하늘의 별처럼 반짝반짝 빛난다는 의미일 거예요. 스포츠 선수는 운동 실력만으로도 챔피언이 되거나 프로팀에 들어가 '빛'을 내기도 하지만, 그중에서도 유난히 인기 있는 '스타' 선수가 되기 위해서는 운동 실력뿐 아니라 사람들의 시선을 사로잡는 특별한 무언가가 더 필요하다고 해요. 장난기가 가득하다든지, 톡톡 튀는 말솜씨와 유머 감각을 보여 준다든지, 아니면 배우처럼 개성 있는 외모를 갖고 있다든지 말이죠.

유명한 '스타'가 된 운동선수들은 텔레비전 프로그램에 자주 등장해요. 훈련 시간 외에 광고, 잡지 화보 촬영, 그리고 인터뷰 등으로 바빠요. 빠듯한 일정은 매니저나 매니지먼트 회사가 관리하고요. 자동차 회사나 의류 회사에서 자기 회사 상품을 공짜로 이용해 달라고 부탁하기도 해요. 왜냐고요? 사람들이 스타를 따라 하려고 하잖아요. 스타들이 새로 나온 자동차를 타고, 유명한 옷을 입을수록 그 상품은 금방 사람들에게 알려지겠죠? 그러면 날개 돋친 듯 팔려 나갈 수 있으니까요. 매니저와 고급 자동차, 비싸고 화려한 사치품에 열혈 팬까지, 이쯤 되면 어떤 스타라도 콧대가 높아져 우쭐한 기분이 들 거 같아요. 하지만 돈과 인기가 많다고 해서 스타들은 과연 더 행복하기만 할까요?

잉글랜드의 한 전직 프리미어 리그 축구 선수는 자신이 '유명해지던 그 순간'에 오히려 더 외로움을 느꼈대요. 왜냐면 사람들이 자신을 오직 텔레비전 프로그램이나, 인터넷, 광고가 포장한 모습의 '스타'로만 대할 뿐, 진정한 '친구'로 대하지 않았기 때문이래요. 점점 더 많은 인기와 부를 얻을수록, 자신을 있는 모습 그대로 좋아해 주던 친구들과는 멀어지는 대신, 텔레비전 속 포장된 모습만 좋아하고 따라 하는 팬들에 둘러싸이는 게 무척이나 힘들었다는 거예요.

어쩌면 스타들에게 절실한 건 자신을 동경하는 팬들보다, 친구처럼 편하고 다정한 팬들일지 몰라요. 물론 어떤 선수들은 자신이 스타라는 사실에 우쭐해하며 자기를 우러러봐 주길 바랄 수도 있어요. 하지만 자신을 편안하게 대하는 팬들과 기꺼이 친구가 되려는 선수가 더 많지 않을까요? 스타와 팬이라는 일방적인 관계보다, 편안한 친구 같은 사이를 더 원할 테니까요. 여러분도 그렇지 않나요? 진정한 친구일수록 우리는 서로의 스타이자 팬이잖아요!

벤치를 지키는
사람들

'벤치워머bench-warmer'라는 표현 들어 본 적 있어요? '벤치'는 여러 사람이 앉을 수 있는 긴 의자고, '웜warm'은 따듯하게 한다는 뜻이니까, 벤치워머는 '벤치를 따듯하게 데우는 사람'을 의미해요. 누굴까요? 바로 경기에 출전하지 못하고, 벤치에 앉아 대기하고 있는 후보 선수들을 익살스럽게 가리키는 말이에요.

축구, 농구, 야구 같은 단체 스포츠 종목의 팀에는 경기에 출전하는 주전 선수들보다 후보 선수가 더 많아요. 선수들끼리 경쟁시켜서 우수한 선수를 실제 경기에 내보내기 때문이에요. 한번 주전 선수가 되었다고 해서 안심할 수도 없어요. 부상을 당하거나 더 잘하는 선수가 나오면 언제든 주전 자리를 양보해야 하거든요. 즉, 단체 종목에서는 주전 선수가 되어 경기에 출전하는 것 자체가 엄청난 경쟁인 셈이죠.

우리가 텔레비전 또는 관중석에서 보는 스포츠 경기는 대부분 두 팀 간의 대결이에요. 그런데 한 팀의 사이에도 치열한 경쟁이 벌어지고 있다는 게 흥미롭지 않나요? 경쟁 관계에 있으면서도 서로의 장점을 가르쳐 주고, 팀의 승리를 위해 서로 돕는 게 스포츠의 아름다움이기도 하고요. 하지만 경쟁에서 밀려 벤치에만 앉아 있는 후보 선수들은 우리처럼 마냥 즐거운 마음으로 경기를 지켜볼 수는 없을 거 같아요. 선수라면 누구나 경기에 나가 뛰고 싶은 마음이 간절할 테니까요.

예를 들어 젊은 신인 선수들은 머지않은 미래에 주전이 되리라는 기대가 클 거예요. 그러니까 경기장에서 펼쳐지는 플레이를 유심히 지켜보면서, 자신이 경기에 들어가면 어떻게 할 것인지, 그러기 위해서는 어떤 단점을 보완해야 할지 끊임없이 생각할 거예요. 반면 최선을 다했지만 주전이 되지 못한 선수들은 좌절과 실망이 크겠지요. 또 교체 명단에 포함돼 있는 선수들은 언제든 경기에 출전할 수 있도록 준비 운동을 하며 각오를 다질 테고, 교체 명단에도 들지 못한 선수들은 마치 자신이 쓸모가 없는 선수가 된 거 같은 소외감을 느끼겠지요. 동료 선수가 골을 넣으면 환호성을 지르다가도, '내가 대신 경기에 나갔다면 더 잘할 수 있었을 텐데' 하는 아쉬움도 생길지 몰라요.

이렇게 기대와 희망, 실망과 좌절이 반복되는 사이, 후보 선수들 중 일부는 주전이 돼요 그러지 못한 선수들은 결국 다른 꿈을 찾아 떠나겠지요. 그러면 벤치는 다른 선수들로 채워지고 또다시 경쟁이 시작되는 거예요.

주전이 된 선수들은 '성공'한 반면, 다른 길을 찾아간 선수들은 '실패'했다고 생각할 수 있을 거예요. 그런데 어쩌면 주전 선수들의 성공은 벤치를 지켰던 수많은 선수들의 불안과 좌절, 희망과 노력의 결과가 아닐까요? 그 안에서의 치열한 경쟁이 소수의 주전 선수들을 낳는 거니까요. 누군가는 '벤치워머'가 되고, 결국 다른 길로 떠나야 하는 냉정한 경쟁의 세계에서, 최선을 다했다는 사실만으로도 선수들은 박수를 받기에 충분하지 않을까요? 홈런이나 골이 터지는 순간, 선수들이 벤치로 달려가 함께 기쁨을 나누는 건 아마 그런 이유 때문인지도 몰라요.

잘하든 못하든 행복한 나!

올림픽처럼 큰 국제 스포츠 대회에 참가했던 선수들은 대회가 끝나고 나면 어떻게 시간을 보낼까요? 편안히 휴식을 취하거나, 아니면 벌써 다른 대회를 준비하는 선수들도 있을 거예요. 하지만 꽤 많은 선수들이 대회가 끝난 후 심한 후유증을 앓는다고 해요. 4년 동안 한 가지 목표만을 위해 쉼 없이 달려왔다고 생각해 봐요! 얼마나 허전하고 허탈하겠어요. 이런 현상은 금메달을 딴 선수들에게도 똑같이 나타난다고 해요. 왜 그럴까요?

큰 경기에 출전하는 선수들은 살얼음판 위를 걷는 긴장을 경험해요. 오랫동안 열심히 준비해 왔는데, 작은 실수 하나라도 하면 순식간에 기록과 등수가 바뀔 수 있잖아요. 팬들의 비난도 걱정하게 되고요. 그렇다 보니 자신의 실수를 쉽게 받아들이기 어렵지요. 그러다가 대회가 끝나고 모든 긴장이 사라지면 갑자기 적응이 안 되는 거예요. 선수들은 여유를 즐기기보다는, 당장 무엇을 해야 할지 잘 몰라 혼란

스러워한다고 해요. 그럼 선수들은 어떻게 이런 후유증을 극복할까요? 방법은 생각보다 간단해요. '대회의 결과가 나 자신은 아니다'라는 사실을 받아들여야 한다는 거예요. 금메달을 땄다고 더 가치 있는 사람이고, 예선 탈락했다고 가치 없는 사람이 아니라는 사실 말이에요. 금메달을 땄든 예선에서 탈락했든, 그 결과가 그 선수가 어떤 사람인지를 온전히 보여 주는 건 아니니까요. 그보다 소중한 건 그동안 매트나 링, 트랙 위에서, 또는 수영장에서 보낸 시간과 다양한 경험들일 거예요. 비록 겉으로 잘 드러나지는 않지만, 이런 경험의 '과정'은 '결과'보다도 큰 의미를 가질 수 있거든요. 더군다나 운동선수들 역시 우리와 마찬가지로 친구와 가족에게 사랑받는 평범한 '사람들'이잖아요. 그러니까 누군가의 친구로서, 딸로서, 형으로서, 동생으로서 선수들이 가진 '소중함'이 경기 결과에 따라 작아지거나 커지는 것도 아니라는 사실을 잊지 말아야 한다는 거죠.

그런데 우리는 자주 우리가 해낸 일의 결과가 바로 우리 자신인 것처럼 착각하는 것 같아요. 마치 운동선수가 대회의 성과만을 자기의 전부라고 생각하게 되는 것처럼, 우리도 시험 성적만으로 쉽게 우쭐하거나 소심해지잖아요. 물론 목표를 갖고 열심히 노력하는 것은 좋은 모습이에요. 하지만 너무 경쟁에 집착하다 보면 결과만으로 자기와 친구들을 비교하고 판단하는 실수를 할 수도 있거든요. 사람이란 무언가를 잘하고 못하고에 따라서 소중함이 결정되는 존재가 아닌데도 말이죠.

시험을 잘 보거나 경시 대회 같은 데서 좋은 성적을 올리는 것도 중요하지만, 평범한 내 모습들도 '소중한 나'라는 걸 잊지 않았으면 좋겠어요. '먹을 걸 좋아하는 나', '잘 우는 나', '장난을 잘 치는 나' 같은 사소한 모습들 말이에요. 무언가를 잘하거나 상을 받아야만 마음이 놓이고, 그러지 못하면 의기소침해하는 것보다는, 나 자신을 찬찬히 들여다보고 소중히 여기다 보면 더 행복한 사람이 될 수 있지 않을까요? 그러면 올림픽과 같은 큰 무대를 즐기는 선수들처럼, 우리들도 주눅 들지 않고 인생의 무대를 신나게 즐길 수 있을 거예요.

6장

운동하는 데
성별이 왜 중요해?

스포츠는 지금까지 주로 남성들의 영역이었어요. 더 강한 남성이 뭔지 보여 주고 경쟁하는 마당이었다고 할까요?

그래서 스포츠는 여성과 남성에 대한 고정된 이미지가 만들어지는 곳이기도 해요. 남자의 스포츠와 여자의 스포츠를 따로 나누지요. 그래서 남자만 할 수 있고, 여자는 할 수 없는 걸 만들어 왔죠. 심지어 같은 스포츠를 하더라도 남자와 여자의 역할을 따로 정해서 남자다운 게 뭔지, 여성스러운 게 뭔지와 같은 편견을 만들어 내기도 했어요.

그런데 이제 그런 시대는 지나가고 있어요. 여성들도 남성들도, 그런 고정적인 이미지에 갇히지 않고 자연스럽게 여러 가지 스포츠에 참여하고 있어요. 더 이상 스포츠는 남자다움을 추구하는 마당이 아니라, 성별과 상관없이 서로 아끼고 배려하는 공간으로 변해 가고 있어요!

실력으로 평가하면
안 되겠니?

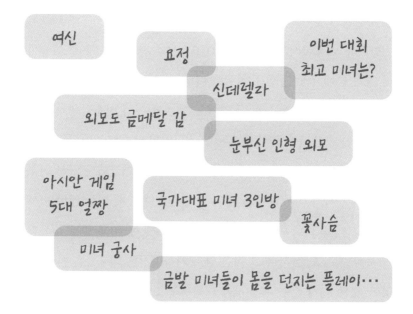

여신

요정

신데렐라

이번 대회
최고 미녀는?

외모도 금메달 감

눈부신 인형 외모

아시안 게임
5대 얼짱

국가대표 미녀 3인방

꽃사슴

미녀 궁사

금발 미녀들이 몸을 던지는 플레이…

    어디선가 많이 본 표현들이지요? 여성 스포츠 선수들을 따라다니
는 단어들이에요. 공통점이 있다면, 모두 다 '외모'와 관련되어 있다
는 것! 인터넷 기사를 봐도, 텔레비전 스포츠 뉴스를 봐도, 심지어 올
림픽이나 아시안 게임 같은 스포츠 중계방송을 봐도, 여성 선수들은

저런 수식어와 함께 표현될 때가 많아요. 남성 선수들을 표현하는 방식과는 많이 달라요. 어떻게 다르냐고요?

우선 언론에 소개된 경기 장면을 비교해 볼 수 있어요. 남성 선수들은 주로 경기 중에 보여 준 가장 멋진 동작, 또는 승부를 결정지은 중요한 순간의 모습이 많아요. 하지만 여성 선수들은 경기 모습보다는 몸매가 드러나는 사진, 심지어 신체의 일부가 유난히 많이 드러나는 사진들이 많아요.

인터뷰 내용에서도 차이가 있어요. 남성 선수들은 주로 연습이나 경기 중에 겪었던 힘든 경험을 어떻게 극복했는지 같은, 깊이 있는 인터뷰 기사를 많이 볼 수 있어요. 하지만 여성 선수들을 인터뷰한 기사는 어떤 옷을 좋아하고, 어떤 스타일의 남자를 좋아하는지 같은, 운동과 관련 없는 내용이 훨씬 더 많거든요. 더군다나 남성 선수에 대한 기사가 여성 선수를 다룬 기사보다 다섯 배 이상 많다는 사실 알고 있었나요? 여성 선수들은 남성 선수들에 비해 별로 주목받지 못하는 거죠. 심지어 그 적은 양의 기사마저도 대부분은 아주 유명한 '얼짱' 여자 선수, 혹은 세계 대회에서 '1등' 하는 몇 선수들이 차지하고 있으니까요.

스포츠 신문과 뉴스는 왜 이렇게 남성 선수들과 여성 선수들을 다르게 그려 내는 걸까요? 우선 남자들이 스포츠 기사나 뉴스를 훨씬 더 많이 보기 때문일 거예요. 그중에서도 특히 '남자 어른'이 주요 고객이에요. '남자 어른들'이 여자 어른들보다 상대적으로 돈을 더 쓰거든요. 스포츠 소식을 보는 거랑 돈이랑 무슨 상관이냐고요? 모든 스포츠 중계와 뉴스, 기사를 자세히 살펴보면 방송 전에, 그리고 인터넷 기사의 모퉁이마다 맥주, 자동차는 물론 갖가지 상품들의 광고가 나오는 걸 볼 수 있을 거예요. 언론사는 광고를 유치해서 돈을 벌거든요. 그러니까 언론사는 스포츠 기사를 즐겨 보는 남성들, 그중에서도 상품을 살 수 있는 능력이 있는 '남자 어른'들의 시선을 사로잡을 수 있도록 뉴스와 기사의 제목, 사진, 내용을 포장하는 거죠.

포장하는 방식은 간단해요. 바로 '주요 고객'인 남자 어른들이 보고 싶어 하는 방식으로 여성 스포츠 선수들의 모습을 보여 주는 거예요. 동서양을 막론하고 역사적으로 남성들은 오랫동안 여성들보다 중심적인 위치를 차지해 왔잖아요. 예전에 비해 요즘은 많이 평등해졌다고 하지만, 그럴수록 남성들은 더더욱 여성들을 약하고, 여리고, 수동적이라고 생각하려고 하는 경향이 있대요. 그래야 남자 자존심이 산다나요? 그러니까 여자 스포츠 선수들의 '실력'보다는 '여자다운 외모'를 더 강조하는 거죠. 달리기를 굉장히 잘하는 여성 선수가 나타나도 '얼굴이 얼마나 예쁜지'를 먼저 따지고, 펜싱을 무척 잘하는 여성을 봐도 '몸매가 어떤지'만 강조하는 거예요. 마치 "너희들이 아무리 잘해 봤자, 그냥 '여자'일 뿐이야!"라고 말하는 것처럼요.

이건 매우 불공평한 거 같아요. 여성 선수들이 열심히 운동해서 훌륭한 성적을 거두더라도, 노력과 능력이 아니라, 결국 외모로 자신의 가치를 평가받게 되니까요. 이러한 뉴스와 기사를 자주 보고 듣게 되면 보통의 여성들도, '여자에게 중요한 건 결국 외모구나'라고 생각하게 될 거 같아요. 그렇게 되면 자신의 모습 그대로가 아니라, 남성들이 보고 싶어 하는 여성의 모습에 자신을 억지로 끼워 맞춰야 한다는 강박을 느끼게 될 수도 있고요. 남성들 또한 영문도 모른 채 언론이 만들어 낸 여성 선수의 모습만 당연하다고 여기게 될 거예요. 그런 뉴스와 기사가 우리도 모르는 사이 남성과 여성에 대한 고정 관념을 만들어 낸다면 세상은 더욱 불공평해지지 않을까요?

여자들은
운동을 못한다고?

스포츠의 역사에서 여성들은 오랫동안 찬밥 신세였어요. 믿기지 않겠지만 근대 올림픽 경기를 만든 쿠베르탱 남작은 "난 여자들이 올림픽 경기에 참여하는 게 달갑지 않아요. 올림픽에서 여자들이 해야 하는 일은 우승자에게 월계관을 씌워 주는 일이지요"라고 말한 적도 있어요. 실제로 여성들이 처음 올림픽에 출전한 1900년 이후, 네 번의 올림픽 대회 동안 여성 참가자의 수는 매번 50명을 넘지 못했어요. 남자 선수가 매번 2000명 정도 출전했던 것과는 비교할 수 없을 만큼 적은 수였지요.

요즘은 훨씬 많은 여자 선수들이 스포츠 경기 대회에 참가하게 되었어요. 하지만 여자 경기는 아직도 남자 경기보다 한 수 아래로 취급되는 것 같아요. 영국에서 매년 열리는 윔블던 테니스 대회 들어 봤나요? 남자는 5세트 경기를 펼치지만, 여자 경기는 언제나 3세트 뿐이에요. 여자 선수들의 체력이 당연히 남자 선수들보다 약하다고 생각하는 거죠. 빨리 걷기 경주인 경보에서도 남자 선수들에게는 50

킬로미터 경주가 있지만, 여자 선수들은 그 절반도 안 되는 20킬로미터 경기만 해요. 여자는 남자보다 약하기 때문에 그렇게 먼 거리를 걸을 수 없다는 거예요. 하지만 여자들이 남자보다 약하다는 건 사실일까요? 어쩌면 이렇게 '여성은 약하다'는 이유로 낮은 기준을 정해 놓은 것이 여성의 잠재력을 가로막고 있는 건 아닐까요?

여성들이 본격적으로 스포츠에 참여한 이후 놀라운 변화들이 일어났어요. 지난 50년 간 남자 마라톤 기록이 겨우 10분 정도 빨라지는 사이, 여자 선수들은 무려 1시간 5분이나 앞당겼거든요. 또 여자 역도 선수들은 같은 몸무게의 남자 선수들이 드는 무게의 95퍼센트에 달하는 무게를 들 수 있게 되었어요. 미국의 테일러-탈콧이라는 여자 경보 선수는 50킬로미터 남자 경기 출전을 끈질기게 요구한 끝에 비공식적으로 출전해 완주했어요. 그래서 국제육상경기연맹은 더 이상 '여자들이 남자보다 약해서'라는 핑계를 댈 수 없었고, 2016년부터 여자 선수의 50킬로미터 경보 참가를 허락하게 됐어요.

여성의 스포츠 참여를 제한하거나, 여자 경기와 남자 경기에 다른 기준을 적용하는 건, 어쩌면 '여자가 남자보다 약하니까 보호하기 위해서'가 아니라, '여자들이 남자만큼 강해지는 게 두려워서'일지도 몰라요. 운동 경기처럼 '남자들만 잘할 수 있는 일'이 있다고 굳게 믿고, 그걸 통해 '남자다움'을 과시해 온 남자들의 입장에서는 여성들이 남성과 똑같이 스포츠에 참여해 남성을 이기는 모습은 보고 싶지 않을 테니까 말이죠. 사격 경기를 예로 들면, 1976년 몬트리올 올림픽까지는 여성과 남성 종목 구분 없이 함께 경기에 참가했어요. 그런데 몬트리올 올림픽에서 미국의 여성 선수 마거릿 머독이 남자 선수와 동점으로 1위를 차지하자, 남자 경기와 여자 경기를 구분하기 시작했죠. 그렇게 보면, 남자들이 여자들에게 질까 봐 경기를 구분한다는 얘기가 꽤 설득력 있지 않아요?

　주변을 둘러보면 분명 남자 친구들이 여자 친구들보다 운동을 더 좋아하고 잘하는 걸 볼 수 있을 거예요. 하지만 그건 남녀의 타고난 차이 때문이 아닐지도 몰라요. 오히려 '스포츠는 남자들만의 것'이라고 담을 쳐 놓고 오랫동안 거기에 여성들이 들어오지 못하도록 했기 때문 아닐까요? 그게 사실이라면, 여성들은 남자들만큼 운동을 잘하지 못하는 게 아니라, 운동을 잘하지 못하도록 요구받아 온 것인지도 몰라요.

"여자라서 안 된다고?!"
-마라톤의 역사를 바꾼 사진 한 장

　1967년 4월 '보스턴 마라톤 대회'에서 촬영된 오른쪽 사진은 신문과 방송을 통해 전 세계에 전해졌어요. 그리고 마라톤의 역사를 바꾸는 중요한 출발점이 되었어요. 사진 한가운데를 보면 261번을 달고 뛰는 여자 선수가 보이지요? 캐서린 스위처라는 대학생이에요. 그 뒤 검은 양복을 입은 대회 총 책임자, 조크 샘플이 캐서린을 끌어내려 하고 있어요. 왜일까요?

　당시는 여성이 마라톤 대회에 참가하는 것이 금지됐었거든요. 많은 사람들이 여자는 남자만큼 강하고 튼튼하지 않아서 42.195킬로미터의 긴 거리는 달릴 수 없다고 생각했어요. 그뿐 아니라, 여자가 마라톤과 같이 힘든 운동을 하면 다리가 굵어지고 아기를 낳지 못한다는 등 이상한 고정 관념이 퍼져 있었고요.

　다행히 함께 뛰고 있던 캐서린의 코치와 동료가 조크를 밀쳐 낸 덕분에 캐서린은 4시간 20분의 기록으로 완주할 수 있었어요. 그리고 이 사진은 남성들만의 세계에 용감하게 발을 디딘 한 여성과 그걸 필

사적으로 막아 내려는 남성 권력을 보여 주는 상징이 되었어요. 이 사건을 계기로, 여성의 마라톤 참가에 대한 사람들의 관심이 높아졌고, 5년이 지난 1972년부터 여성들이 보스턴 마라톤 대회에 공식적으로 참가할 수 있게 되었어요.

그런데 말이죠, 사실 캐서린은 남성들만의 세계에 도전하겠다는 거창한 목표를 가지고 대회에 참가했던 건 아니었어요. 그보다는 오히려, '마라톤을 하고 싶다'는 그녀의 순수한 꿈과 열정 앞에 '여자는 할 수 없다'는 세상의 편견이 놓여 있었던 것뿐이죠. 달리기를 좋아해서 연습할 수 있는 팀을 찾았을 때에도, 여성 팀이 없어서 남성 팀에 찾아갔을 때에도, 보스턴 마라톤 대회에 참가하겠다고 코치에게 말했을 때에도 캐서린이 들었던 대답은 "글쎄?"였어요. 하지만 결국

2017년 4월 17일 보스턴 마라톤 코스를 완주하며 결승선을 통과하는 캐서린의 모습. 1967년 보스턴 마라톤에 출전할 당시의 참가 번호 '261'번을 달고 있다.

캐서린이 연습 중에 50킬로미터를 완주해 내자, 코치도, 팀원들도, 모두 그녀의 편이 될 수밖에 없었어요. 그런 그녀가 보스턴 마라톤 대회라는 큰 무대에 섰을 때, 그녀는 자신의 오랜 꿈을 이뤘을 뿐만 아니라 '여자는 마라톤을 할 수 없다'는 세상의 오랜 편견까지도 날려 버릴 수 있었던 거예요.

　사진에서 캐서린을 끌어내리려 했던 대회 관리자 조크는 후에 캐서린과 화해했다고 해요. 그리고 1972년 대회부터 여성들이 공식적으로 대회에 참가할 수 있도록 하는 데 큰 도움을 주었어요. 남성들만의 세계를 지키는 구시대의 상징에서, 남성들만의 세계라는 건 없다는 걸 인정한 새 시대의 상징이 되었다고나 할까요?

마라톤 풀코스를 40여 번 완주한 캐서린은 70세가 넘은 지금도 현역 마라토너로 활동 중이에요. 완주했을 때 느끼는 성취감과 자유를 더 많은 여성들이 함께 나눌 수 있도록 격려하면서 말이죠.

역사상 가장
당찬 세리머니

축구 경기에서 극적인 동점골이나 역전골을 터뜨린 선수들은 종종 기쁨에 겨워 유니폼 윗도리를 벗는 세리머니를 해요. 한번쯤 본적 있지요? 그런데 만일 여자 선수가 상의를 벗는 세리머니를 한다면 어떤 일이 벌어질까요? 약 20년 전 누구보다 당차게 윗도리를 벗고 포효하던 여성 선수가 있었다는 거 혹시 알고 있어요?

때는 1999년, 미국에서 열린 여자 축구 월드컵 결승전 경기였어요. 9만 명의 관중, 4000만 명의 시청자가 지켜본 가운데, 중국과 미국 대표 팀의 결승전은 0대 0 무승부로 끝났고, 결국 승부차기로 우승팀을 가려야 했지요. 서로 엎치락뒤치락 골을 주고받다가, 마지막으로 미국의 브랜디 체스테인 선수의 차례! 모두가 숨죽이고 주목하는 그 순간, 체스테인은 승리를 결정짓는 골을 성공시켰어요. 그러고 나선 바로 유니폼 상의를 벗어 한손에 쥐고는 승리의 환호성을 질렀어요. 검정색 스포츠 브라만 입은 채로 말이에요.

체스테인 선수의 세리머니 장면은 곧 많은 신문과 잡지의 표지를

체스테인 선수가 승부차기를 성공한 후 세리머니를 하는 모습.

장식했어요. 월드컵 우승으로 화제가 되기도 했지만, 유니폼 상의를 벗은 체스테인 선수의 모습은 큰 논쟁을 불러일으켰지요. 남자 선수들의 세리머니와 달리, 여론은 이 세리머니를 그저 '여자'가 공공장소에서 '속옷을 보인 행동'으로 단정 지었거든요. 미국의 한 미인 대회에서는 참가자들에게 체스테인의 행동이 젊은 여성들에게 나쁜 본보기가 된 건 아닌지 묻기도 했어요.

반면 체스테인 선수의 모습에 신선한 충격을 받은 이들도 많았어요. 여자 선수에게는 언제나 운동복 규정이 까다로웠거든요. 처음 스포츠에 참여할 때부터 여성의 복장은 남자들이 생각하는 '여성스러움'의 기준을 따라야 했어요. 예를 들어 1880년대 윔블던 테니스 경기에서 여자 선수들은 허리를 꽉 조이는 '코르셋'을 입고 경기를 해야 했어요. 딱딱한 속옷 때문에 살이 쓸리고 찢겨 경기가 끝나면 흥건하게 밴 피를 닦아 내야 했는데도 말이죠. 특히 당시에는 여성의 '가슴'이 스포츠 활동에 '걸리적거리는 것'이라고 여겨졌어요. 가슴 때문에 여성은 스포츠 활동에 적합하지 않다고 생각한 거지요. 그렇다 보니 스포츠에 참여하는 여성들조차 자신의 몸이 남성의 몸보다 열등하다는 편견을 갖기도 했어요. 그런데 체스테인 선수는 그런 시선 따위에 아랑곳하지 않았어요. 이전에는 상상하지 못한 방식으로 승리의 기쁨을 표현했고, 많은 사람들이 체스타인 선수의 그 자신감에 감동을 받았던 거예요.

하지만 고정 관념을 깨뜨리는 일은 언제나 원래의 방식을 지키고 싶은 사람들을 불편하게 하는 거 알지요? 남성들만의 스포츠였던 축구에서, 남성들의 전유물이라고 여긴 세리머니를 했다는 이유로, 체스테인 선수는 짓궂은 놀림의 대상이 됐어요. 이듬해 시드니 올림픽에 출전했을 때에는 관중들이 체스테인 선수에게 골을 넣으라는 의미로 "당신의 브라를 보여 주세요!"라고 적힌 플래카드를 내걸었어요. 미국의 축구 올스타전 경기에서는 남자 선수들이 체스테인 선수의 세리머니를 패러디하기도 했고요. 골을 넣고 윗도리를 벗었는데, 속에 검은 스포츠 브라를 입고 있었던 거죠. 남자 선수들은 웃자고 한 일이라고 둘러댔어요. 그렇지만 한 선수의 진지한 세리머니를 '가슴'에만 초점을 맞춰 장난거리로 깎아내리는 건, 마치 "여자가 어딜! 그건 남자들만 할 수 있는 일이야!"라고 경고하는 거 같았어요. 남자들이 만든 스포츠 세계의 질서를 깨뜨린 여자 선수에 대한 경고로서 말이죠.

시간이 한참 흐른 2015년, 한 텔레비전 프로그램에 출연한 체스테인 선수는 1999년에 자신의 세리머니 사진을 보고 한마디로 뭐라 표현하겠느냐는 질문을 받았어요. 잠시 고민하던 체스테인은 '임파워먼트empowerment'라고 답했어요. '힘을 불어넣다'라는 뜻이에요! 누군가에 의해 강요된 여성의 모습이 아니라, 자기의 모습 그대로를, 누구도 의식하지 않고 표현한 그 장면이, 다른 사람들의 시선과 고정관념 때문에 주저하는 모든 사람들에게 용기와 힘이 되었으면 한다는 얘기 아니었을까요?

테니스와
기사도 정신

이모랑 삼촌은 가끔 함께 테니스를 해요. 테니스 경기 중에서도 혼합 복식을 즐겨요. 혼합 복식은 여성과 남성이 한 팀이 되어 상대 팀 선수들과 2대 2로 겨루는 경기예요. 네 명이서 하니까 더 재미있고 힘도 덜 들거든요. 그런데 윤진 이모는 테니스를 잘 치는 반면, 민혁 삼촌은 실수가 많아요. 테니스를 늦게 배운 데다 운동 신경이 둔한 편이이거든요. 그러면 사람들은 종종 "남자 선수가 자기 역할도 제대로 못 하네, 쯧쯧." 하며 혀를 차요. 아니면, "여자가 남자 역할을 다 하는구나!"라며 이모를 칭찬하든지요. 왜 사람들은 테니스를 하는데 굳이 남자 역할, 여자 역할을 들먹이는 걸까요?

오늘날과 같은 모습을 한 테니스 경기는 1870년대 영국에서 생겨 났어요. 대부분의 스포츠 종목들이 처음 생겼을 때 '남성들만의' 무대였는데, 테니스는 좀 유별났어요. 처음부터 여성과 남성이 함께 경기를 했거든요. 당시 테니스 클럽은 돈이 많고 여유가 있는 사람들의 모임이었는데, 특히 젊은 여성과 남성들은 혼합 복식 경기를 하면서 자연스럽게 서로 어울렸어요. 데이트하는 것처럼 말이죠! 그래서일까요? 다른 경기보다도 혼합 복식 경기에서는 신사와 숙녀가 지켜야 할 예절이 가장 중요했어요. '남자라면 이렇게 행동해야 한다!', '여자라면 저렇게 해야 한다!' 같은 거 말이에요. 어떤 게 있었을까요?

먼저 남성들은 여성 파트너 대신, 요리조리 뛰어다니며 상대 팀의 강한 공격을 받아 내야 한다고 배웠어요. 그러면서도 상대편 여성에게는 강한 스매싱^{공격}을 하지 않는 것이 남자다운 행동이었죠. 신사로서 숙녀를 보호해야 한다는 '기사도' 정신 말이에요. 그 반대로, 여성들은 얌전하고 다소곳하게 테니스를 치라고 배웠어요. '경기 전, 남성 파트너에게 미리 자기의 약점을 말하고 도와달라고 말하기', '중요한 공격은 남성에게 양보하기', '실수 줄이기'처럼 소극적인 역할들 말이에요. 마치 여성들은 스스로 테니스 경기를 할 수 없는 것처럼 남성에게 의지하는 게 바람직한 예절이었어요. 꼭 연약한 '공주님'과 그 공주님을 지켜주는 '흑기사'가 생각나지 않아요?

그런데 요즘은 윤진 이모처럼 테니스를 즐기는 여성들이 많아지고, 실력도 엄청 늘었어요. 그러자 혼합 복식 경기에서 '기사도'를 발휘하는 남성들의 모습도 찾아보기 힘들어졌어요. 왜일까요? 남성들이 옛날처럼 상대 팀 여성에게 슬렁슬렁 공격을 했다가는, 도리어 강한 역습을 당할 수도 있게 된 거예요. 또 여성들 입장에서는, 남성이 지나치게 자기를 보호하거나 봐주는 모습이 불편하고 거북할 수도 있고요. 여성을 동등한 참가자가 아니라 어린 아기처럼 대하는 건 배려라고 생각할 수 없을 테니까요.

그럼 이제 스포츠 경기에서 상대를 배려하는 '기사도' 정신이 더이상 필요하지 않게 된 걸까요? 기사도 정신을 오늘날에 맞게 바꿔 생각해야 할 거 같아요. 예전에는 '남자는 강하고 여자는 약하다'는 편견 때문에, 남성들이 일방적으로 여성을 보호해야 한다는 태도를 기사도라고 했어요. 기사도가 남자들만의 전유물이었던 거지요. 하지만 이제는 여자/남자 구별이 아니라, 어느 누구라도 약한 상대를 배려하는 마음을 기사도라고 하면 어떨까요? 여러 친구들이 함께 어울려 놀려면 더 익숙하고 잘하는 사람이 처음 해 보거나 실력이 부족한 사람을 배려해야 하잖아요. 그건 분명 여자/남자의 문제가 아닐 테니까요. 그리고 또 하나! 배려란 무작정 봐주거나 일방적으로 도와주는 거라기보다, 어떤 상대든 그 모습 그대로 인정하고 그 사람이 제 몫을 할 수 있도록 동등하게 존중하는 태도가 아닐까요? 윤진 이모의 '기사도 정신' 덕분에 남이 뭐래도 당당하게 테니스 실력을 키워 나가는 민혁 삼촌처럼 말이죠!

무지갯빛 프라이드 하우스

아주 오래전부터 스포츠 경기는 여성과 남성을 엄격하게 구분해 왔어요. 승마와 요트를 제외한 모든 종목에서 여자들은 여자들끼리, 남자들은 남자들끼리만 경쟁하도록 하거든요. 물론 이러한 구분은 공정한 경쟁을 위한 거겠죠? 하지만 이것 때문에 '여성적'인 것과 '남성적'인 것에 대한 고정적인 생각들이 만들어져요.

이 때문에 피해를 보는 대표적인 사람들은 바로 남자들만큼 운동을 잘하는 여자 선수들이에요. 실력이 월등한 여자 선수가 등장할 때마다 사람들은 '남자 같은 목소리나 생김새를 보니 여자가 아니네?'라고 의심하고 '성별 검사'를 하려고 하거든요. '여자다운' 생김새와 '남자다운' 생김새가 따로 있다고 생각할 뿐 아니라, 여자들은 남자들을 이길 수 없다는 고정 관념에 사로잡혀 있는 거예요.

그런데 사실 여자와 남자의 구분이 생각처럼 간단한 건 아니에요. 여성의 몸을 가지고 있지만 남성의 염색체^{XY}를 가진 경우도 있거든요. 남아프리카공화국의 달리기 선수 캐스터 세메냐와 인도의 산티

순다라얀 선수처럼요. 그런데 생식기와 염색체, 성호르몬, 마음까지 다 따져 보면, 우리들 중 누구도 완전한 여자, 완전한 남자라고 할 만한 사람은 없을지도 몰라요. 그래서 스포츠의 법정이라 할 수 있는 국제 스포츠중재 재판소는 2015년, '인간의 성^性이 단순히 둘로 나뉠 수 있는 건 아니다'라고 발표하기도 했어요.

여성들의 종목이라고 알려진 리듬 체조, 싱크로나이즈드 수영, 피겨스케이팅 같은 스포츠에 참여하는 남성들 역시 고정 관념의 피해자들이에요. 빠르고 거칠고 힘센 모습보다는 아름답고 부드러운 움직임을 추구하는 게 '여성적'인 거라는 고정 관념 때문이죠. 이런 종목에 참여하는 남자들을 '남성답지 못하다'고 보는 선입견 때문에, 설령 이런 스포츠에 관심이 있는 남성이라도 쉽게 도전할 수 없어요.

스포츠는 동성애나 양성애, 성전환자 등 성 소수자에 대한 차별이 심한 세계예요. 운동선수에게 딱 정해진 남자다운 모습, 여자다운 모습만 바라는 사람들이 많다 보니, 다른 성적 지향을 갖고 있는 선수들에게는 따가운 눈초리를 보내기도 해요. 그래서 성 소수자 선수들은 중간에 운동을 그만두거나, 유명해져도 자신의 성적 정체성을 밝히지 못해요.

그런데 이렇게 여자와 남자를 마치 흑백처럼 엄격하게 구분하는 스포츠 세계를 무지갯빛으로 만드는 공간이 있어요. 바로 '프라이드 하우스'라는 곳이에요. 2010년 밴쿠버 동계 올림픽에서 처음 모습을 보인 프라이드 하우스는 국제적인 스포츠 대회가 치러질 때마다 성

소수자인 선수, 코치, 가족, 팬, 그리고 이들을 지지하는 어느 누구라도 들러서 함께 경기도 지켜보고, 고민도 나누고, 예술 작품을 전시하는 쉼터 같은 곳이거든요.

프라이드 하우스는 여성과 남성이 명확히 나뉘는 스포츠 무대에서 특별하고 소중한 공간이에요. 성(性)에 대한 우리의 고정 관념을 깨는 것은 물론, 그 무지갯빛이 상징하듯이 몇 가지 모습으로 딱 잘라 구분할 수 없는 다양성에 대해 생각하도록 해 주니까요. 2018년 평창 겨울 올림픽에서도 아시아 최초의 '프라이드하우스'가 설치됐답니다. 성 소수자들이 자신의 정체성을 드러내는 것조차 쉽지 않은 한국에서, 평창 프라이드하우스는 성 소수자들의 존재를 알리는 데 적지 않은 역할을 했어요.

평창 프라이드 하우스를 알리는 '한국 성적소수자 문화인권센터'의 알림 글.

성별과 성적 취향 때문에 차별받지 않는 세상이 온다면 더 이상 프라이드하우스가 필요하지 않을지도 몰라요. 우리가 살아가는 바로 이 세상이 모두에게 열린 무지갯빛 프라이드하우스가 될 테니까요.

7장

현대 스포츠의
이모저모

오늘날 우리가 즐기는 스포츠의 모습은 19세기 즈음 주로 영국에서 완성되었어요. 이전부터 사람들이 즐기던 놀이에 몇 가지 규칙을 정하면서 조금 더 정교해졌죠. 축구, 럭비, 육상, 복싱 등이 그래요. 처음에 스포츠는 주로 상류층이 즐기는 취미였어요. 이들을 '아마추어'라고 불렀죠. 그러다 세상에 널리 퍼지면서 스포츠를 직업으로 하는 '프로페셔널'이 생겨났어요. 운동을 전문적으로 가르치는 코치와 트레이너도 나타났지요. 무리를 지어 경기하는 '리그'가 생기고 이것이 전통이 되면서 지금의 모습으로 발전해 왔어요.

그런데 무엇을 스포츠라고 할 수 있는지는 딱 정해져 있는 게 아니에요. 역사, 문화, 정치, 경제와 어우러져 변해 가요. 스포츠의 규칙들도 끊임없이 변해 왔고요. 그러니까 스포츠는 지금도 계속 만들어지고 또 변하는 중이에요.

변해 가는
스포츠 경기의 규칙들

　씨름을 하든, 달리기를 하든 승부를 겨룰 때는 무엇보다도 공정한 규칙이 중요하겠지요? 덩치가 작고 힘이 약한 어린이가 다 큰 어른이랑 씨름을 한다면 얼마나 불리하겠어요. 100미터 달리기 경기를 하는데 호루라기 소리가 들리기도 전에 먼저 달려 나가는 친구가 있다면, 그 친구를 따라잡기는 매우 힘들 거예요. 그래서 스포츠에는 규칙이 있어요. 씨름과 같은 경기는 비슷한 나이, 학년별로 경기를 해요. 어른들끼리도 '백두급', '한라급'과 같이 체급을 나누어 실력을 겨루고요. 달리기나 수영 같은 기록을 다투는 경기는 '부정 출발'을 엄격하게 금지하고 있어요. 공정성은 스포츠의 규칙을 정할 때 가장 중요한 원리예요.

　또 하나의 중요한 원리는 규칙의 보편성이랍니다. 전 세계 어디서나 똑같이 적용되어야 해요. 축구 경기를 예로 들어 볼까요? 손흥민 선수가 뛰는 잉글랜드의 프리미어 리그와 황의조 선수가 뛰는 일본의 J리그, 그리고 한국의 K리그 규칙이 모두 같지요?

친구들끼리라면 어떨까요? 마당에서 할 수도, 대여섯 명이 모여서 할 수도 있어요. 그러나 공을 발로만 움직여야 한다는 규칙은 같아요. 다른 스포츠도 마찬가지예요. 보편적으로 적용되는 규칙이 있어요. 그렇다 보니 다른 언어를 사용하는 사람들끼리도 금세 어울려 즐길 수 있어요. 서로 규칙만 알고 있으면 되니까요.

그럼 언제부터 이렇게 공정하고 보편적인 규칙들이 생겨난 걸까요? 축구의 경우, 19세기 영국으로 거슬러 올라가요. 그때는 각 축구 클럽마다 규칙이 달라서 서로 경기를 하기가 무척 어려웠대요. 어떤 클럽에서는 손으로 공을 들고 뛰어도 되는데, 다른 클럽에서는 그게 반칙이었어요. 또 어떤 클럽에서는 상대방의 정강이를 걷어차는 게 허용되는데, 다른 클럽에서는 반칙으로 정해 두었고요. 이렇게 규칙이 다르다 보니 자꾸 다툼이 생겼지요. 그래서 1863년에 클럽 대표들이 모여서 통일된 규칙을 만들었어요. 그 덕분에 오늘날처럼 전 세계의 사람들이 같은 모습의 축구를 즐길 수 있게 된 거예요.

그런데 규칙이 한번 정해졌다고 해서 영원히 바뀌지 않는 건 아니에요. 지금 우리가 알고 있는 스포츠 경기의 규칙들도 계속 바뀌고 있거든요. 왜일까요? 첫째로, 관중들이 더욱 흥미진진하게 경기를 즐길 수 있도록 하기 위해서예요. 예를 들어 올림픽 양궁 경기의 경우, 예전에는 여러 명의 선수들이 한꺼번에 활을 쏘아서 총점이 가장 높은 선수를 우승자로 뽑았어요. 하지만 요즘은 두 명의 선수가 서로 경기를 한 후, 점수가 높은 선수가 다음 상대를 만나서 다시 겨루는

'토너먼트' 방식으로 해요. 일대일 대결인 데다 서로 번갈아 가며 활을 쏘니까, 점수가 엎치락뒤치락할 때마다 시청자들은 가슴을 졸여 가며 경기를 지켜보게 되거든요.

태권도 경기도 그래요. 예전에는 어디를 공격하든 똑같이 1점을 얻었어요. 그런데 요즘에는 머리 공격에 성공할 경우 3점을 받아요. 몸을 회전하며 공격하는 '돌개차기', '뒤후려차기' 같은 기술은 추가 점수를 더 받고요. 그 결과 선수들이 추가 점수를 받기 위해서 화려한 발차기를 자주 시도하게 됐어요. 경기를 보는 관중들은 더욱 박진감 넘치는 장면들을 감상할 수 있게 됐고요.

사용하는 용구의 기준을 바꾸는 경우도 있어요. 예를 들어 예전에는 탁구공과 배구공 모두 흰색이었거든요. 그런데 흰색이 관중들 눈에 잘 안 보인다는 지적이 나오자, 최근에는 화려한 색깔의 공도 허용하게 되었어요.

텔레비전 중계를 위해서 규칙을 바꾸기도 해요. 스포츠 중계를 텔레비전으로 볼 때, 혹시 기다리는 경기 장면은 안 나오고 광고만 계속 나와서 짜증났던 기억 없나요? 방송사들은 경기 시작 전과 도중에 광고를 내보내면서 돈을 벌거든요. 자동차, 휴대폰, 라면 등등 온갖 상품들을 선전하고 싶은 기업들이 방송사에 돈을 내고 경기 시간에 맞추어 광고를 내보내는 거예요. 스포츠 경기도 텔레비전으로 중계가 되어야 더 많은 인기를 얻을 수 있으니까, 방송국이 바라는 대로 더 많은 광고를 내보낼 수 있도록 경기의 규칙을 바꾸는 거죠. 프로 농구 경기가 그 대표적인 경우예요. 원래 농구 경기는 축구 경기처럼 전반전과 후반전으로만 나뉘어 있었거든요. 그러니까 중간에 휴식 시간이 딱 한 번만 있었어요. 하지만 더 많은 광고를 유치하기 위해서 '4쿼터'로 나누어 경기를 하게 되었지요. 그러면서 휴식 시간이 3번, 즉, 광고를 할 수 있는 시간이 늘어나게 된 거죠.

스포츠뿐 아니라 우리 주위에 있는 대부분의 규칙들은 시간이 지나면서 바뀌어요. 간단한 교통 규칙뿐만 아니라 복잡한 법률까지 모두 마찬가지예요. 다만, '누구를 위해서, 어떻게 변하느냐'가 문제이지요. 아무리 공정하게 바꾼다 하더라도 언제나 더 유리한 사람과 불리한 사람이 생기게 마련이거든요. 선수들의 안전이나 관중들의 재미를 위해서 경기 방식을 바꾸기도 하지만, 방송사나 기업의 이익을 위해서 경기 운영 방식을 바꾸기도 하는 것처럼요. 그러니까 어떤 규칙을 만들 때에는 최대한 공정하게 하되, 혹시 누가 이익을 보는 대신 다른 누군가에게 손해가 가지 않는지 꼼꼼히 따져 봐야 하지 않을까요?

틀에 박힌 건 싫어요! -돌연변이들이 탄생시킨 스포츠 경기

공정한 스포츠 경기가 이루어지려면 규칙을 잘 지키는 게 중요해요. 달리기 경기는 총소리가 울린 다음에 출발해야 하고, 축구 경기에서는 손을 사용해서는 안 돼요. 복싱 선수는 발로 상대방을 공격할 수 없고요. 이런 규칙을 지키지 않으면 경고를 받고, 더 이상 경기에 참여하지 못하도록 쫓겨나기도 해요. 그런데 규칙을 마냥 따르기보다, 청개구리처럼 틀에 박힌 경기 방식을 거부해서 스포츠 경기가 발전하는 데 도움이 된 사람들도 있어요. 누구인지 한번 만나 볼까요?

스포츠 역사상 가장 엉뚱하게 규칙을 어긴 사람은 '윌리엄 엘리스'라는 축구 선수예요. 1823년 엘리스는 영국의 '럭비'라는 이름의 한 사립학교에 다니고 있었어요. 그런데 학교에서 축구 경기를 하던 중, 엘리스는 갑자기 공을 손에 들고 달리기 시작했대요. 그러자 상대 팀 선수들도 규칙을 어긴 엘리스를 잡으려고 우르르 쫓아다녔고요. 우스꽝스러운 광경이 펼쳐졌겠죠? 그런데 엘리스가 상대 팀 선수들을 피하고 밀치며 달아나는 모습을 본 사람들이 '와! 저렇게 경기를 해도 재미있겠다!'라고 생각했었나 봐요. 나중에 이 학교에서 축구와는 다른 새로운 경기 규칙이 만들어졌거든요. 공을 손에 들고 상대 골대로 돌진하는 박진감 넘치는 스포츠! 그게 바로 이 학교 이름을 따서 만들어진 '럭비' 경기랍니다.

이 럭비 탄생 이야기가 꾸며 낸 소문이라는 주장도 있어요. 하지만 엘리스가 아니더라도 누군가 처음 공을 손에 들고 달린 사람이 있었을 거예요. "공을 꼭 발로 차서 앞으로 나가야 한다니, 아이고 답답해!"라고 하면서요. 이들의 자유로운 생각 덕분에 또 다른 공놀이가 생겨날 수 있었던 게 아닐까요?

수영 경기에서도 돌연변이 선수들이 있었어요. 1920년대까지 수영 경기는 자유형, 배영, 평영, 이렇게 세 종류가 있었어요. 그런데 개구리처럼 헤엄치는 평영 선수들은 물속에서 팔을 움직여야 했기 때문에 답답했어요. 더 빨리 헤엄치고 싶어서 연구를 했죠. 1930년 즈음, 몇 명의 선수들이 시합에서 새로운 방법을 시도했어요. 두 팔을 물 밖으로 꺼내서 돌리는 '버터플라이' 동작을 선보인 거예요. 물의 저항이 덜해 더 빠르게 헤엄칠 수 있었거든요. 그래서 버터플라이 동작은 전 세계 선수들에게 유행처럼 퍼져 나갔어요. 그 결과 1952년, 국제수영연맹은 버터플라이 팔 동작과 돌고래 발차기를 합친 수영을 새로운 수영 종목으로 발표했어요. 바로 오늘날 가장 힘찬 영법이라고 알려진 '접영'이 탄생하게 된 거죠. 더 빨리 앞으로 나아가려는 선수들의 '꼼수'가 새로운 종목을 창조한 거예요!

럭비.

　이처럼 새로운 스포츠가 생기고 기술이 발전하는 과정에는 원래
해 오던 방식을 그대로 따르지 않는 이단아들이 있었어요. 물론 주어
진 규칙을 잘 지키는 것은 매우 중요해요. 규칙은 사람들끼리의 약속
이기 때문에 어기면 다른 사람들에게 불편을 주게 되니까요. 그렇지
만 규칙은 때로 더 재미있고 자유롭고 싶은 사람들의 몸과 마음을 가
두어 놓을 수도 있어요. 공을 들고 뛰고 싶고, 물에서 나비처럼 헤엄
치고 싶은 사람들이 기존의 규칙에 갑갑함을 느꼈던 것처럼요.

　그래서 말인데, 규칙을 잘 지키면서도 규칙을 당연하게 여기기보
다 '왜 꼭 이렇게 해야 하지?'라고 생각해 보는 게 어떨까요? 그렇게
할 때 더 다양한 사람들이 즐겁게 세상을 살아갈 수 있는 새로운 규
칙이 생길 수 있지 않을까요? 럭비와 접영이 새로운 스포츠 종목으
로 태어날 수 있었던 것처럼 말이에요.

바둑은
스포츠일까?

2016년에 있었던 프로 바둑 기사 이세돌 9단과 인공 지능 컴퓨터 알파고의 바둑 대결 기억하나요? 인간과 컴퓨터의 대결로 화제가 되었어요. 그 덕분에 바둑을 잘 모르던 사람들까지도 바둑이 가진 승부의 묘미를 경험했다고 해요. 그런 매력 때문일까요? 바둑은 종종 스포츠로 불리기도 해요. 실제로 2010년 광저우 아시안 게임에서는 바둑이 체스, 장기와 함께 정식 스포츠 종목으로 채택되었어요. 이세돌 9단도 이 대회에 선수로 출전해 금메달을 땄고요. 친구들 생각은 어때요? 바둑은 스포츠일까요?

바둑이 스포츠의 한 종류라고 생각하는 사람들은 스포츠를 '규칙에 따라 승부를 벌이는 게임'으로 보기 때문인 거 같아요. 쉴 틈 없이 뛰어다니는 축구, 농구와 달리 차분하게 앉아서 승부를 펼치지만, 바둑 기사들은 그 어떤 스포츠 경기보다도 훨씬 복잡하고 다양한 전략을 사용하거든요. 몇 시간 동안 갖은 수를 펼치는 대국에 흠뻑 빠지는 바둑 기사들과 침을 꼴깍 삼켜 가며 지켜보는 팬들을 떠올려 보

2010년 아시안 게임에서 대국 중인 이세돌 9단.

면, 스포츠라고 불리기에 충분하지 않을까요?

반면 바둑이 스포츠가 아니라고 생각하는 사람들은 스포츠를 '신체 활동'이라고 여기기 때문일 거예요. 우리가 스포츠라고 부르는 종목들은 몸을 사용해서 운동 기술을 완성시켜 나가는 걸 목표로 하잖아요? 체조에서 우아하게 철봉 연기를 펼치고 안전하게 착지한다든지, 양궁에서 화살을 정확히 적중시킨다든지 하는 기술들 말이에요.

바둑을 둘 때도 끈기와 체력이 필요하긴 하지만, 승패가 몸을 얼마나 잘 사용하는지에 따라 결정되는 건 아니거든요. 바둑은 몸보다 머리로 익히는 기술이기 때문에 인터넷으로도 겨룰 수 있지만, 스포츠는 머리로 이해한 걸 반드시 몸으로 수행해야 한다는 점에서 다르다는 거지요.

그런데 중요한 건, 어떤 게 스포츠냐 하는 분명한 기준 같은 건 없다는 사실이에요. 물론 학교의 체육 시간, 텔레비전의 스포츠 뉴스, 올림픽 경기 중계 등은 제각기 어떤 게 스포츠라고 두루뭉술하게 알려 주는 거 같긴 해요. 하지만, 심지어 체육 시간에 다루는 종목도, 올림픽의 경기 종목도 시대와 장소에 따라 달라요. 즉 무엇이 스포츠냐 하는 기준은 끊임없이 만들어지고 변해 가는 거예요.

예를 들어 현재의 스포츠 종목들이 탄생하기 이전 유럽의 귀족들에게는 '여우 사냥'이나 '말 타기'와 같은 '취미 활동'이 바로 스포츠였어요. 또한 동양의 '검도'나 '유도'는 사람들이 자기를 방어하기 위해 몸과 마음을 수련하던 '무술'이었지만 지금 스포츠 경기가 되어 있고요. 요즘 동계 올림픽에서 최고 인기를 누리는 스노보드 경기도 마찬가지예요. 원래 스노보드를 즐기던 젊은이들은 스키장의 질서를 어지럽히는 '골칫덩어리'로 취급되곤 했거든요. 그런데 동계 올림픽의 인기가 점점 떨어지자 올림픽 경기를 주관하는 국제올림픽위원회는 젊은이들의 흥미를 끌려고 스노보드를 동계 올림픽 종목으로 채택했지요. 그러면서 스노보드는 스포츠라고 불리게 된 거고요.

"바둑은 스포츠다"라는 말이 아직은 어색하게 들릴지 몰라요. 하지만 바둑은 인류의 지혜가 담긴 소중한 문화유산이에요. 언젠가는 바둑을 여느 스포츠처럼 배우고, 즐기고, 지켜보며 응원할 날을 고대해 보는 건 어떨까요? 물론 이기는 데에만 집착하는 경기가 되지 않길 바라는 마음과 함께 말이에요.

묘약과 독약

약은 보통 몸이 아플 때 먹잖아요? 그런데 만약 우리들을 원하는 모습으로 바꿔 주는 묘약이 있다면 어떨 거 같아요? '운동을 더 잘하게 하는 약', '공부를 잘하도록 하는 약', 또는 '연예인과 같은 외모를 갖게 해 주는 약'처럼 말이에요. 한 번쯤 먹어 보고 싶다는 생각이 들까요?

그런데 운동을 더 잘할 수 있도록 하는 '묘약'은 옛날부터 있었어요. 고대 그리스와 로마 시대부터 운동선수들은 경기 중에 통증을 줄이기 위해서, 또는 겁을 먹지 않으려고 신경을 흥분시키는 버섯, 식물의 씨앗 같은 걸 먹었거든요. 생각해 봐요. 레슬링 경기를 하는데 아픔을 덜 느낄 수 있다면, 겁먹지 않고 적극적으로 경기에 임할 수 있었겠지요?

하지만 운동선수들이 운동 능력을 향상시키기 위해서 본격적으로 약을 먹기 시작한 건 제2차 세계 대전 이후예요. 왜 하필 전쟁 이후부터였을까요? 전쟁터에서는 병사들이 느끼는 공포와 부상의 아품을 줄이기 위해서 마약 성분이 있는 각성제를 많이 사용했거든요. 나중에 전쟁터에서 돌아온 젊은이들이 운동 경기에 참여하면서 이런 약들을 활용하기 시작했던 거예요. 더구나 생물학과 의학이 발전하면서 체력을 획기적으로 향상시킬 수 있는 합성 호르몬 약물들이 개발되었어요. 그 후 육상, 수영, 역도, 사이클 등 특히 근력과 체력이 중요한 종목의 운동선수와 코치들은 암암리에 약물 사용을 늘려 갔지요.

하지만 그거 알아요? '약'은 적절한 곳에 사용하지 않으면 '독'이 된다는 사실. 약물 복용의 부작용으로 선수들이 사망하는 사건들이 발생하게 된 거예요. 그 결과 1967년부터 국제올림픽위원회는 선수들의 건강뿐 아니라 공정한 경쟁을 위해 금지 약물을 지정하고, 약물 검사를 시작하게 되었어요. 하지만 그렇다고 선수들의 약물 사용이 줄어들었을까요? 그렇지는 않은 거 같아요. 왜냐면 금지 약물이 하나씩 늘어 갈수록 선수나 코치들은 효능이 비슷한 다른 약물들을 찾아내 사용했거든요. 어떤 걸 금지하면 다른 걸 찾아내는 식으로 쫓고 쫓기는 추격전이 계속되었지요.

게다가 약물 검사가 약물을 복용한 선수와 안 한 선수를 딱 잘라 구분할 수 있는 것도 아니라고 해요. 어떤 선수는 약물을 정기적으로 복용해도 양을 조절해서 검사에서 걸리지 않는 반면, 어떤 선수는 몸이 아파서 먹은 약이 약물 검사에 걸려요.

언제나 자신의 한계와 싸워야 하는 운동선수들에게 약물은 그 한계를 넘도록 해 주는 신비의 '묘약'같이 느껴질지도 몰라요. 하지만 몸이 아프지 않은데도 약을 먹으면 탈이 나는 것처럼, 약물 복용은 결국 몸의 다른 부분을 망가뜨리는 '독약'이 되어 버려요. 그뿐만 아니라, 약물에 의존하게 되는 순간, 어디까지가 자신의 한계이고 어디서부터 약물의 힘인지 모르게 될 수도 있어요. 그러면 위대한 기록을 세운다고 하더라도 온전히 자신의 것이라고 말하기는 부끄러울 거예요.

프로와
아마추어

"왜 이래, 아마추어같이?" 혹시 이런 유행어 알아요? 무언가에 서툴러 보이는 사람에게 장난스럽게 쓰던 표현이었어요. 반대로 일을 능숙하게 처리하는 사람에게는 "정말 프로답군!"이라고 하지요? 그렇다면 아마추어는 '초보', 프로는 '고수'를 말하는 걸까요?

시간을 거슬러 약 150년 전 근대 스포츠가 태어나기 시작했던 영국으로 날아가 볼게요! 그 당시 프로와 아마추어는 실력의 차이보다 스포츠에 참여하는 '방식'을 구분하는 말이었어요. 본래 '아마추어amateur'는 무언가를 사랑하는 사람을 뜻하는 라틴어 'amator'에서 유래했거든요. 즉 다른 대가를 바라지 않고, 무언가 자신이 좋아서 하는 '스포츠 애호가'를 일컫는 말이었겠지요? 반면 '프로'는 '프로페셔널professional'을 줄인 말이에요. 간혹 하기 싫은 때가 있더라도 생계를 위해서 돈을 받고 뛰는 '직업 선수'를 가리키는 말이었어요. 그러면 누가 아마추어로 운동했고, 누가 프로가 되었을까요?

아마추어와 프로가 딱 갈라 나뉜 대표적인 역사는 잉글랜드의 축구와 럭비에서 찾아볼 수 있어요. 원래 축구와 럭비는 상류층 자녀들이 다니던 '퍼블릭 스쿨Public School'에서 시작된 스포츠예요. 그러니까 아마추어의 전통이 강했지요. 서로 잡아먹을 듯이 싸우다가도 경기가 끝나면 모든 감정을 털어 내고, 서로 안아 주고 악수하는 '스포츠 맨십'을 배우는 게 스포츠에 참여하는 목적이었어요.

그런데 잉글랜드의 북부에서는 축구와 럭비가 좀 다른 색깔을 띠게 되었어요. 북부는 광산과 공장이 많은 산업 지대로 이뤄져 있어서, 거기서 일하는 노동 계급이 축구와 럭비를 즐기는 주인공이 되었거든요. 그런데 주로 노동자로 이루어진 북부의 클럽들은 클럽의 대표 선수들에게 돈을 주지 않을 수 없었어요. 왜냐면 일을 해야 하는 시간에 경기를 하게 되면, 그 노동자 선수는 그날의 임금을 못 받을 거 아니에요? 더구나 경기를 뛰다가 다치기라도 하면 일을 못하고 꼬박 몇 주를 쉬어야 하는 경우가 생기곤 했죠. 그래서 북부의 축구와 럭비 클럽들은 일찍이 선수들에게 보상금처럼 약간의 돈을 준 거예요.

그런데 이처럼 돈을 받고 스포츠를 하는 건 아마추어들로 이루어진 축구와 럭비 협회의 규정에 어긋나는 거였어요. 노동자들의 현실은 안중에도 없이 '돈을 벌기 위해 스포츠를 하는 것은 안 된다'는 원칙을 내세웠지요. 그런데다가 북부의 클럽들이 경기에서 남부의 아마추어 클럽들을 이기는 일이 잦아졌어요. 그러자 축구 협회Football Association와 럭비 협회Rugby Football Union는 아마추어리즘을 지키라고 북부 클럽들에 강력한 경고를 보냈죠. 물론 북부의 클럽들은 호락호락하지 않았어요. 북부의 축구와 럭비 클럽들은 축구 협회와 럭비 협회를 탈퇴해서 프로들끼리 경쟁하는 자기들만의 리그를 만들겠다고 선언했지요.

바로 이때 축구와 럭비의 운명이 갈리게 돼요. 축구 협회는 1885년에 북부 클럽들의 요구에 따라 프로를 공식적으로 허가했어요. 그래서 잉글랜드 전 지역의 축구 클럽들이 점차 선수들에게 급료를 지급하게 되었지요. 축구를 직업으로 하는 전문 선수들이 생겨난 거예요. 반대로 럭비 협회는 북부 클럽의 요구를 들어주지 않았어요. 오히려 북부 클럽들을 쫓아냈지요. 그래서 결국 1895년에 럭비는 두 개로 나뉘게 돼요. 남부의 아마추어리즘을 지키며 남은 '럭비유니온'과 북부 클럽의 프로페셔널리즘을 따르는 '럭비리그'가 그들이에요. 럭비리그는 규칙도 바꿔서 원래의 럭비와는 조금 다른 스타일의 럭비가 되었지요.

럭비유니온은 꽤 오래 아마추어리즘을 고수했어요. '돈'으로부터 자유로웠던 까닭에 스포츠맨십의 본래 모습을 잘 보전했다고 평가받았어요. 상대 팀에 대한 예절, 심판에 대한 절대 복종과 같은 전통 가치들 말이에요. 하지만 스포츠의 인기가 폭발적으로 올라가자 끝까지 아마추어리즘을 지킬 수는 없었죠. 1995년, 럭비리그와 헤어진 지 100년 만에 럭비유니온도 프로를 허락하고 말았지요.

이처럼 '아마추어'와 '프로'가 꼭 '초보자'와 '고수'를 의미하는 건 아니에요. 물론 어떤 일을 취미로 하는 것보다는 직업적으로 할 때 더 전문가가 될 수 있다는 점에서 프로가 더 고수일 확률은 높겠지만요. 그런데 중요한 건, 프로와 아마추어 모두로부터 각기 배워야 할 점이 있다는 거 아닐까요? 프로는 직업으로, 돈을 받고 하는 일인 만큼 자기 실력에 대해 '책임'을 진다는 매력이 있죠. 반면, 아마추어는 아무 대가 없이도 자기가 좋아서 스스로 원칙을 정하고 지켜 나가는 '자율'적인 모습이 매력적인 거 같아요. 취미로 하든 직업으로 하든, 아마추어의 열정을 잃지 않는 진정한 프로야말로 우리가 원하는 모습 아닐까요?

사륜마차와 기차, 코치와 트레이너

여러분은 누구에게 운동을 배워요? 태권도장에 가면 '사범님', 수영장에 가면 '강사님', 육상부나 축구부에 들어가면 '코치님'이 계시고, 헬스장에 가면 '트레이너'라 불리는 분들이 운동법을 가르쳐 주시죠? 모두들 다른 호칭을 갖고 있지만, 공통적으로 운동을 지도해 주는 분들이어서 영어로는 대개 '코치' 또는 '트레이너'라고 불러요. '코치'와 '트레이너'란 어떻게 생겨난 용어일까요?

우선 코치라는 이름은 '사륜마차'에서 유래했어요. 사륜마차는 약 500년 전 헝가리의 Kocs ^{헝가리어 발음으로 '코치'}라는 마을에서 처음 발명되었어요. 사람들은 이 마을의 이름을 따서 사륜마차를 코치 ^{Kocsi}라고 부르기 시작했대요. 사륜마차는 곧 유럽 전역에서 인기를 얻어 멀리 섬나라 영국에까지 건너가게 되었어요. 그리고 영국에서 이 '코치'를 영어식으로 표기하면서 드디어 'coach'라는 단어가 생겨나게 된 거예요. 지금도 영국에서는 관광버스처럼 정해진 목적지까지 승객들을 태우고 이동하는 버스를 '코치'라고 부르고 있어요.

그런데 시간이 흐르면서 코치는 영국에서 귀족의 자녀들을 가르치는 '가정교사'를 부르는 말로 쓰였어요. 마치 사륜마차가 승객을 정해진 목적지까지 편안히 데려다주는 것처럼, 가정교사도 귀족의 자녀들이 학습 목표를 달성할 수 있도록 맞춤식 교육을 해 줬으니까요. 그리고 19세기에 이르러 스포츠를 지도하던 사람들 역시 코치라고 부르기 시작해요. 그 당시 상류층 자녀들이 다니던 학교인 '퍼블릭 스쿨'에서 스포츠 수업이 있었는데, 학생들은 스포츠를 배울 때도 맞춤식 교육으로 배우기 시작했거든요. 이때부터 오늘날 우리가 알고 있는 '코치'의 의미가 생겨난 거예요. 흥미롭게도 당시의 코치들은 운동 기술을 가르치면서도 이기는 것 그 자체보다, 경기에 관련된 에티켓과 예절을 더 중시했어요. 예를 들어 경기 중에 넘어진 상대를 일으켜 세워 주고, 경기에서 졌더라도 기쁜 마음으로 상대를 축하해 주고, 정정당당하게 게임에 참여하는 스포츠 정신, 즉 스포츠맨십을 강조했대요. 운동을 가르치는 사람을 일컫는 말이 '사륜마차'에서 유래했다는 사실, 흥미롭지 않나요?

'코치'와 달리 '트레이너'는 기차를 의미하는 영어 단어인 '트레인 train'에서 왔어요. 정해진 철로를 따라 많은 사람들을 한꺼번에 실어 나르는 기차를 떠올려 봐요. 그래서 트레이너는 한꺼번에 많은 사람들을 체력적, 기술적으로 보다 집중해서 가르치는 지도자들을 부르는 말로 사용되기 시작했어요. 특히 이 말은 19세기 노동자 계층의 삶과 관련이 있었어요. 19세기에는 관중들이 선수들에게 돈을 거는 경보^{빨리 걷기}, 복싱, 레슬링 경기 등이 유행했는데, 가난한 노동자 계층 가운데 돈을 벌기 위해 직업적으로 이런 경기에 출전하는 선수들이 나타나기 시작했거든요. 이들이 경기에서 이겨서 돈을 벌 수 있도록 체계적으로 훈련시키는 사람들이 바로 트레이너였던 거예요.

상류층 귀족과 노동자 계층은 스포츠에 참여하는 태도가 서로 달랐어요. 귀족들이 취미로 스포츠를 즐기면서 이기고 지는 것에 연연하지 않고 에티켓을 강조했던 것과 달리, 먹고살기 위해 스포츠를 택한 평범한 사람들은 최고의 기술과 굳센 체력으로 경기에서 반드시 승리하는 것이 목표였어요. 그래서 귀족들의 즐기는 스포츠로부터 나온 '스포츠맨 정신'과 직업 선수들의 승리를 향한 집념이 낳은 '스포츠 기술과 실력의 향상'은 오늘날의 스포츠를 떠받치는 두 개의 중요한 기둥이 되었지요. 그런 점에서 보면, 19세기의 코치와 트레이너는 오늘날의 스포츠가 탄생하는 데 힘쓴 일등 공신이라고 볼 수 있어요.

오늘날은 코치와 트레이너를 구분하기 힘들어요. 언젠가부터 하나같이 잘하기 위한 방법, 이기기 위한 방법만을 고민하지요. 하지만 스포츠에는 언제나 '스포츠맨 정신'과 '승리를 향한 기술과 집념'이라는 두 개의 미덕이 함께한다는 걸 잊지 않았으면 해요. 그래서 어디에서 어떤 운동을 배우든지, 가르쳐 주는 선생님을 뭐라고 부르든지, 그분들에게 '승리를 향한 기술과 집념', 그리고 협동하고 양보하는 '스포츠맨 정신'을 함께 배우고 싶다고 말할 수 있었으면 좋겠어요.

8장

방송과 광고로
만들어진 스포츠

방송과 광고 같은 미디어는 안경 렌즈와 같아요. 우리가 직접 볼 수 없는 먼 곳의 장면을 중계해 준다는 점에서는 고마운 도구예요. 그런데 안경 렌즈도 돋보기가 있고 선글라스가 있잖아요. 그런 안경을 쓰면 더 크거나 어두운 색깔로 보이는 것처럼 미디어도 어떤 건 더 중요하게 또 어떤 건 사소하게 보이게도 해요.

오늘날 미디어가 스포츠를 보여 주는 방식은 '돈'에 의해 크게 좌우돼요. 미디어 회사도 돈을 버는 기업이라서 돈이 되는 건 크게 보여 주고, 돈이 안 되는 건 잘 안 보여 주지요. 예를 들어 날씬한 체형만 예쁜 몸매라고 선전해서 사람들이 다이어트에 돈을 쓰게 만들어요. 스포츠 브랜드 광고는 상품만 홍보하는 게 아니라, 우리의 생활 방식^{라이프 스타일}을 만들어 내요. 아름답고 멋있어지려는 욕망을 자극하고, 그렇게 되려면 자기 회사 상품을 사야 한다고 생각하게 만들어요.

그래서 재미있는 걸 보여 준다고 마냥 좋아할 게 아니라, 미디어의 안경을 평가하는 우리 스스로의 눈썰미도 길러야 해요.

소리를 꺼 놓고
중계방송을 본다면?

여러분도 좋아하는 스포츠 경기 중계방송을 열심히 챙겨 보나요? 중계中繼는 '가운데 중中'자와 '이을 계繼'자로 이루어져 있어요. '가운데에서 이어 준다'는 뜻이지요. 그러니까 스포츠 중계는 경기가 펼쳐지는 '현장'과 '우리'를 '이어 주는' 역할을 해요. 덕분에 우리는 현장에가지 않고도 경기 장면과 소식을 접할 수 있어요.

그런데 직접 볼 때와 사진으로 볼 때는 느낌이 다르잖아요? 마찬가지로 '중계'를 통해 전달되는 모습은 우리가 직접 현장에서 느끼는 것들과 차이가 있게 마련이에요. 중계방송을 볼 때는 경기장에서 어디를 지켜볼지, 얼마나 오래 볼지, 이런 것들을 우리가 결정하는 게 아니에요. 우리는 그저 카메라의 시선을 따라다닐 수밖에 없어요. 더구나 스포츠 중계는 시청자들의 이목을 사로잡기 위해 특별한 촬영과 편집 기술들을 사용하지요.

예를 들면, 스포츠 중계는 경기 현장의 생생함을 더하기 위해 선수들의 호흡이나 이마에 맺힌 땀방울까지 보여 줘요. 또 중요한 장면을 느린 그림으로 다시 보여 주고요. 특정한 장면들만 모아서 보여 주거나 편집을 통해 어떤 선수는 영웅처럼 어떤 선수는 악당처럼 보이게도 해요. 흥미로운 점은 이런 스포츠 중계 기법들이 약 85년 전 독일의 한 영화감독에 의해 발전했다는 거예요. 바로 제2차 세계 대전을 일으킨 히틀러의 친구 레니 리펜슈탈이었어요.

리펜슈탈은 히틀러가 이끄는 나치당의 1934년 전당 대회를 촬영하면서, 히틀러를 위대한 지도자처럼 보이게 하려고 여러 가지 실험적인 촬영 기술을 시도했어요. 히틀러가 연설할 때는 더 낮은 곳에서 촬영을 해서 그가 거대해 보이도록 했어요. 군인과 군중들이 줄지어 선 장면을 더 웅장하게 보이도록 멀리 높은 곳에서 촬영을 하기도 했고요. 그리고 2년 후인 1936년 베를린에서 올림픽이 열렸을 때 리펜슈탈은 그런 기법들을 스포츠 경기 촬영에 적용했어요. 그렇게 해서 완성된 것이 인류 역사상 최초의 스포츠 다큐멘터리라 불리는 〈올림피아〉라는 작품이에요. 당시로선 매우 혁신적이었지요. 물론 2차 세계 대전이 끝난 후 리펜슈탈에게는 나치에 협력했다는 꼬리표가 따라다녔지만요.

전쟁을 일으키고 수많은 사람들을 죽인 히틀러도 '영웅'처럼 보이게 만들 수 있는 카메라의 마법 때문일까요? 어떤 사람들은 촬영과 편집 기술로 화려하게 포장된 스포츠 중계를 오히려 안 좋아해요. 자세한 해설, 반복되는 리플레이가 어쩌면 더 중요할 수도 있는 것들을 안 들리게, 혹은 안 보이게 할 수도 있다는 거예요. 예를 들어 야구 경

〈올림피아〉 포스터.

기에서 투수와 타자가 신경전을 벌일 때 두 사람의 두근거리는 마음, 상대 선수의 태클에 걸려 넘어지는 레슬링 선수가 느끼는 찌릿한 아픔, 처음으로 참가한 국제 마라톤 대회에서 42.195킬로미터를 완주한 선수가 느끼는 황홀감 같은 건, 중계방송이 전하는 '승리, 금메달, 우리나라, 영광, 복수'같이 솔깃한 말들에 묻혀 버리기 쉽거든요.

그래서 어떤 사람들은 일부러 소리를 끄고 화면만 본대요. 야구 중계방송을 보는데 하도 시끄러워서 소리를 껐더니 오히려 선수들의 감정이나 움직임이 더 잘 눈에 들어오더래요. 중계방송을 그대로 받아들이는 걸 그만두었더니 다른 게 보이고 들리더라는 거지요. 그래서 말인데, 우리들이 카메라 감독이나 해설자라면, 어떤 장면을 보여주고, 어떤 얘기를 들려줄지 생각해 보는 건 어떨까요? 텔레비전 중계가 중요하다고 하는 거 말고, 우리가 더 중요하다고 여기는, 스포츠를 감상하는 나만의 눈을 가져 볼 수 있지 않을까요?

스포츠 중계방송을 볼 권리, 안 봐도 될 권리

월드컵이나 올림픽 같이 전 세계가 주목하는 스포츠 대회 때마다 방송사들이 더 들떠 있는 거 같아요. "월드컵은 ○○○ 방송과 함께!", "올림픽은 ○○○"라며 시청자들을 끌어 모으기 위해 경쟁하는 모습을 볼 수 있지요? 특히 한국 팀의 경기는 KBS, MBC, SBS가 똑같은 화면으로 중계를 해서 전파 낭비라고 비판받기도 해요. 경기에 관심이 없는 사람들은 평소 시청하던 프로그램을 볼 수도 없으니, 방송이 온통 월드컵이나 올림픽으로 도배가 되었다고 불평할 만도 하지요.

그런데 편히 집에 앉아 텔레비전으로 경기를 구경할 수 있는 한국의 상황을 다행으로 여겨야 하는 건지도 몰라요. 텔레비전에서 중계를 볼 수 없는 나라들도 있거든요. 예를 들어 뉴질랜드에서는 월드컵 축구 경기나 올림픽 경기를 텔레비전으로 보려면 따로 돈을 내야 해요. 돈이 많은 다국적 방송사가 인기 스포츠 경기를 중계할 수 있는 권리, 즉 '중계권'을 모조리 사 버린 후에, 돈을 낸 가입자들에게만 경기를 보여 주거든요. 주머니 사정이 넉넉하지 않은 사람들은 소외된 기분을 느낄 수도 있을 거예요.

그래서 많은 나라들은 상업 방송사가 스포츠 중계를 독차지하는 걸 막으려고 법을 만들었어요. 축구의 종주국인 영국이 대표적인 예에요. 사회적으로 의미 있는 스포츠 경기의 경우, 95퍼센트 이상의 시민들이 무료로 시청할 수 있는 채널에서만 방송하도록 법으로 못 박았거든요. 올림픽, 월드컵 축구, 윔블던 테니스, 럭비 월드컵 결승전 등을 포함해서요. 시민들이 함께 지켜보고 추억할 만한 전통 스포츠 경기와 국가 대표 경기에 누구나 쉽게 접근할 수 있도록 '보편적 시청권'을 지켜주기로 한 거예요.

한국에서도 올림픽이나 월드컵 경기는 시민의 90퍼센트가 시청할 수 있는 채널에서 중계해야 한다고 법으로 규정하고 있어요. 그래서 공중파 방송인 KBS, MBC, SBS가 중계방송을 도맡아 하지요. 이들 방송사는 올림픽이나 월드컵 경기를 주관하는 국제올림픽위원회IOC나 국제축구연맹FIFA에 큰돈을 내고 중계권을 사 와요. 예를 들어 지난 러시아 월드컵 중계를 위해서 세 방송사는 무려 1000억 원 이상을 지불했다고 해요. 엄청난 금액이지요?

우리는 무료로 시청할 수 있으니 다행이라고 생각할 수도 있어요. 하지만 세상에 공짜는 없다지요?! 1000억 원 이상을 투자한 방송사 입장에서는 '본전을 뽑기 위해' 광고를 끌어와야 해요. 더 많은 광고를 비싸게 유치하려면 많은 시청자를 확보해야 하고요. 그렇다 보니 방송에서 월드컵이나 올림픽 분위기를 띄우기 위해 호들갑을 떨지 않을 수 없는 거예요. 스포츠 경기일 뿐인데 마치 한국의 우수성을 뽐내는 자리라도 되는 것처럼 과장하죠. 그래야 스포츠팬들을 자극할 수 있으니까요. 월드컵이나 올림픽이 지금처럼 '중요한' 대회처럼 여겨지게 된 이유는, 이처럼 수익을 올리고 싶은 방송사가 부지런히 '바람잡이' 역할을 했기 때문이에요.

시민들이 열광하는 스포츠 경기를 누구나 쉽게 볼 수 있도록 국가가 나서서 '보편적 시청권'을 보호하는 일은 중요해요. 우리들이 함께 경험하고 나눌 수 있는 문화의 일부니까요. 그런데 방송사들의 시청률 경쟁 때문에 다른 중요한 소식과 프로그램들이 희생된다면, 그 또한 '보편적 시청권'을 그르치는 거 아닐까요? 월드컵이나 올림픽 기간이라고 호들갑을 떠는 대신, 궁금한 사람들은 쉽게 무료로 시청할 수 있고, 그렇지 않은 사람들 또한 평소처럼 여러 가지 방송을 볼 수 있다면 더 좋을 거 같아요. '보편적 시청권'이란 말 그대로, 방송이란 어느 한쪽에 치우치지 않고 모든 사람들의 관심을 두루 널리 고려해야 하는 거니까요.

"거울아 거울아, 누가 제일 예쁘니?"

여러분은 자신이 건강하다고 생각하나요? 그렇다면 그 이유가 뭘까요? 아픈 곳이나 큰 질병이 없기 때문에요? 아니면 잘 먹고 잘 자니까요? 어떤 친구들은 운동을 잘하거나 힘이 센 걸 건강하다고 생각할 수도 있고, 또 어떤 친구들은 상쾌한 기분으로 아침을 맞을 때 건강하다고 느낄지도 몰라요. 그런데 요즈음에는 살이 쪘는지 안 쪘는지 하는 문제에만 집착하는 거 같아요. 예전에는 살이 찐 모습이 복스럽다거나 포근한 인상을 준다고도 했었는데, 이제는 건강하지 않을 뿐 아니라 뭔가 잘못인 것처럼 여긴다고 할까요?

그건 아마도 살이 많이 찌면 심장 질환이나 당뇨병 등 질병에 걸릴 확률이 높다는 연구 결과 때문인 거 같아요. 언젠가부터 '비만'이라는 말이 '전문 의학 용어'로 쓰이기 시작했고, 각 나라마다 비만을 줄이기 위해 노력하고 있거든요. 비만이 여러 복합적인 질병을 일으킬 수 있으니 '건강'을 지키기 위해 적절한 관리를 해야 하는 건 당연해요. 그런데 문제는 몸에 대한 편견이 생겨났다는 거예요. '게으르기 때문에 살이 찐다'거나, '살이 찐 사람은 자기 관리를 잘 못하는 사람'이라거나 하는 얘기들 말이에요. 그런 편견 때문일까요? 친구들끼리, 심지어 잘 모르는 사람들조차 걱정해 주는 척, "살 빼야 예뻐진다.", "날씬해야 성공한다." 같은 무례한 잔소리를 해요.

그보다 더 무서운 건 텔레비전과 인터넷 같은 미디어예요. '건강한 몸매 만드는 법', '살 빼기 요령' 등을 알려 준다는 전문가나 연예인을 보면 나도 그런 운동을 따라 해야 할 것만 같고. 살 빼기에 성공한 사람들이 식이 요법을 소개하면 나도 꼭 그렇게 먹어야 할 것 같죠. 그러지 않으면 뭔가 잘못될 거 같잖아요. 심지어 살이 별로 없는 친구들도 '내가 뚱뚱한가?', '나도 살을 빼야 되나?' 하는 괜한 압박감을 느끼게 되고요. 다이어트 얘기들을 너무 자주 접하니까 거울을 볼 때에도 나의 '진짜' 모습을 투명한 눈으로 보기가 어려워요. 텔레비전 속 연예인이나 모델을 보던 바로 그 눈으로 내 몸을 평가하게 되는 것 같지 않아요?

하지만 건강은 '살이 쪘는지, 아니면 날씬한지'로만 판단하는 게 아니에요. 눈에 보이는 생물학적 '몸'에 대해서만 말하는 건 더더욱 아니고요. 전 세계 사람들의 건강을 위해 힘쓰는 '세계보건기구^{WHO}'가 말해 주듯이, 건강이란 '신체적, 정신적, 사회적으로 온전하게 잘 지내는 것'을 말해요. '건강'이란 우리 몸이 겉으로 어떻게 보이느냐로 판단하는 것이 아니라, 몸을 평온하게 유지해서 마음도, 그리고 주변 사람들과의 관계도 평화롭고 행복하게 꾸려 가는 상태라는 뜻이에요.

　매번 다른 사람들의 시선이나 텔레비전에서 나오는 연예인들의 기준에 맞춰서 '날씬해야 해!', '근육을 키워야지!', '살을 빼야 돼!' 같은 압박에 시달리는 건 오히려 정신적, 사회적 건강을 해치는 일이에요. 그보다는 골고루 음식을 잘 먹고, 충분히 잘 자고, 규칙적인 생활을 하면서 상쾌한 몸과 마음으로 친구들과 사이좋게 지내는 사람이 건강한 사람 아닐까요? 자기의 맑은 눈으로 자기의 모습 그대로를 예쁘게 들여다볼 수 있는 사람 말이에요! 거울 앞에 서서 이렇게 한번 말해 보는 거 어때요? "거울아, 거울아, 아무리 봐도 내가 제일 예쁘지?"

이미지를 만들어 파는 스포츠 브랜드 ① -나이키가 말하는 건강한 생활 방식

여러분은 '스포츠'라고 하면 어떤 장면이 먼저 떠올라요? 김연아^피 ^{겨스케이팅}, 크리스티아누 호날두^{축구}, 타이거 우즈^{골프}, 르브론 제임스^{농구} 같은 스포츠 스타들의 모습일까요? 아니면 이런 유명 선수의 운동복이나 운동화 같은 스포츠 상품일까요? 아니면 한계를 극복하기 위해 열심히 운동하는 선수들의 모습일까요? 그런데 지금 얘기한 모든 것들과 관련된 게 있어요. 그건 바로 나이키나 아디다스 같은 스포츠용품 기업들이에요. 어째서 그러냐고요?

먼저, 위에 나온 스포츠 선수들은 모두 나이키와 후원 계약을 맺었던 선수들이에요. 이들은 모두 세계적인 기량을 갖고 있는 유명 선수들이니까, 경기나 인터뷰 장면이 텔레비전에 자주 나오게 되잖아요. 그래서 나이키는 이 선수들에게 엄청 많은 돈을 주고, 어디에 가든 자기 회사의 운동복을 입고 운동화를 신도록 계약을 맺는 거죠. 그러면 우리 같은 소비자들은 운동을 잘하는 유명한 선수들이 이용하는 상표니까 '좋겠다!', '멋있다!' 하고 생각하기 쉽고요. 그 결과, 많은 어린이들이 부모님께 그런 상품들을 사달라고 조르게 되면, 나이키는 홍보에 성공하게 되는 거겠지요?

둘째로, 우리가 쉽게 떠올리는 많은 스포츠 장면들도 나이키와 같은 스포츠용품 기업들의 광고에서 온 경우가 많아요. 흔히 운동을 꾸준히 하면 건강해지고, 끈기도 생기고 부지런해질 거라고 생각하잖아요? 나이키는 그런 장면들을 특별히 부각시키는 광고를 만들어서 사람들이 자기 회사 상품에 대해 좋은 인상을 갖도록 하는 거예요. 2014년 소치 동계 올림픽 대회 직전에 나온 김연아 선수의 나이키 광고 기억하나요? 대회 전 김연아 선수의 불안과 고민을 보여 주고, 나이키가 오래전부터 사용해 온 광고 문구 "저스트 두 잇!Just do it!, 그냥 하는 거야!"을 함께 적어서, 어려움을 이겨 내는 스포츠의 도전 정신을 강조하고 있어요. 그러면 우리는 김연아 선수의 마음을 이해하는 동시에, 용기를 내라고 격려하는 나이키의 문구가 마음에 새겨지는 거죠. 그러니까 스포츠를 생각할 때는 나이키의 로고와 '저스트 두 잇!'이 함께 머리에 떠오르게 되지 않겠어요?

그뿐만 아니라 이런 기업들은 캠페인을 통해서 우리의 생각과 생활 방식에 영향을 미쳐요. 혹시 '나이키 위민스women's 마라톤 대회' 들어 봤어요? 해마다 서울에서 개최하는데, 주로 20~30대의 젊은 여성들이 참여해요. 그런데 이 대회를 홍보하는 포스터를 보면, 단지 건강을 위해서만 달리는 게 아닌 것 같아요. 마치 여성이라면 꼭 이래야 한다고 강요하는 것 같거든요. 그중에는 당연히 나이키 운동화

나이키 운동화.

도 포함되어 있겠지요? '날씬한 몸매를 원한다면 달리세요! 어떻게
요? 나이키 운동화를 신고요!' 이렇게 나이키는 자기 회사 운동화를
신고 달리는 여성들의 모습을 만드는 거예요. 아니나 다를까, 대회장
에는 온통 나이키 운동화를 신은 사람들뿐이에요.

사실 우리가 건강하게 살아가는 방법은 다양해요. 하지만 스포츠
용품 기업들은 마치 건강하게 사는 방법이 딱 한 가지만 있는 것처럼
'보여 주고', '따라 하도록' 만들어요. 그래야 이런 기업들이 만드는
상품을 사람들이 살 테니까요. 기업이 상품을 홍보하는 것도 꼭 필요
한 일이지만, 그 때문에 건강한 삶에 대한 사람들의 생각을 왜곡하는
건 옳지 않아요. 나이키 운동화 한 켤레 사서 신는다고 정말 날씬해

지고 건강해지는 건 아닐 테니까요. 우리의 사고방식과 생활 방식이 소수의 기업에 의해서 좌지우지돼도 괜찮은지 진지하게 생각해 봐야 하지 않을까요?

이미지를 만들어 파는 스포츠 브랜드 ② -언더아머가 말하는 애국심

요즘 스포츠 상표 하나가 유독 눈에 자주 띄어요. 동네 농구 코트에서도 많은 사람들이 그 회사 제품을 입고 있고, 스포츠용품 진열대에도 최근 자주 보이기 시작했거든요. 유명 스포츠 팀이나 선수들도 이 상표를 많이 애용하는 거 같아요. 손흥민 선수가 소속된 잉글랜드 프리미어 리그의 토트넘 유니폼도 2017년까지 이 상표를 달고 있었어요. '언더아머Under Armour'라는 브랜드예요. 여러분도 혹시 들어 본 적 있나요?

언더아머는 1996년에 생긴 미국 스포츠용품 브랜드예요. 이 회사를 세운 케빈 플랭크Kevin Plank는 예전에 대학 미식축구 선수였대요. 케빈 플랭크는 본인이 선수로 뛰었을 때의 경험을 토대로 땀을 잘 흡수하는 스포츠 의류를 개발하기 시작했어요. 처음 몇 년간 언더아머는 사람들에게 별 관심을 받지 못했어요. 그런데 2003년, 유명세를 타기 시작한 결정적인 계기가 있었어요. 바로 '이 집을 지켜라Protect this house'라는 텔레비전 광고를 시작하면서부터예요.

이 광고에는 독특한 장면이 나와요. 둥글게 모여 선 미식축구 선수들이 "우리는 이 집을 지켜야 해!"라고 반복해서 외치는 거지요. 여기서 '집'은 '우리 팀의 홈 경기장', '우리 골대' 같은 걸 의미했겠죠? 그런데 공교롭게도 당시는 미국 전체가 테러에 대한 공포와 불안에 시달리던 때였어요. 왜냐면 2001년 9월 11일 뉴욕의 세계무역센터에 끔찍한 테러 공격이 있었는데 그때 엄청나게 많은 사람들이 희생됐었거든요. 그 이후에도 미국 사람들의 마음에는 그때의 충격과 두려움이 남아 있었지요. 그래서였는지 광고의 외침은 미국 사람들에게 '우리나라를 지켜야 해!'라는 의미로 다가왔다고 해요. 언더아머의 광고가 미국인들에게 큰 공감을 얻었던 거지요.

이처럼 테러 위협으로부터 '나라를 지켜야 한다'는 '국가 안보' 메시지가 통한다는 걸 확인했기 때문일까요? 2010년부터 언더아머는 전쟁에서 돌아온 군인들을 지원하는 '자유freedom'라는 자선 캠페인을 시작했어요. 본격적으로 '애국'과 '안보' 같은 가치에 호소하기 시작한 거지요. 2017년까지 언더아머의 홈페이지에서는 전쟁에서 부상을 입은 군인들에게 보내는 선물 세트를 구입할 수 있었어요. 이 선물 세트를 사면 일정 금액이 자동으로 군인 병원에 있는 참전 용사에게 전달되고, 기부를 한 사람은 언더아머 로고가 새겨진 군인 인식표^{군번줄}를 기념으로 받아요. 언뜻 보면 나라를 지킨 군인을 돕는 단순한 기부 같아 보이죠? 하지만 군인들만 착용하는 인식표를 받는다는 게 어떤 뜻이겠어요? 돈을 내고서 마치 자신도 미국의 '자유'를 위한 싸움에 동참한 사람이라는 이미지를 사게 되는 거예요. 이렇게 '애국심'에 기댄 홍보 전략 덕분인지, 2017년 언더아머는 미국 스포츠용품 시장에서 나이키를 뒤쫓는 2인자로 성장했어요.

그런데 이런 식의 홍보가 괜찮을까요? 자유를 지키기 위해서는 전쟁도 필요하다는 생각에 공감하는 분위기를 만드는 거 말이에요. 전쟁의 참혹한 모습을 알리기보다는 전쟁으로 인한 희생과 고통을 영웅담으로 그럴싸하게 포장하면서요. 생각해 봐요. 만일 한국이 주변 나라들과 사이가 안 좋아서 사람들이 불편하고 불안한 마음을 가지고 있다면, 침착하고 평화로운 방식으로 다시 사이좋게 지낼 수 있는 방법을 생각해 볼 수 있어야 하잖아요? 그런데 스포츠 광고나 자선 활동이라고 쉽게 우리 편과 상대편을 가르고 싸움을 정당화한다면, 사람들이 주변 나라를 더 미워하고 담을 쌓는 속 좁은 마음을 키우지 않을까요?

요즘에는 어떤 상품이든 인기를 끌려면 튼튼한 품질, 예쁜 디자인 말고도 무언가가 '더' 있어야 한다고 해요. 어쩐지 더 '쿨-하고 멋져 보이는 거' 말이에요. 언더아머는 '테러와의 전쟁'을 벌이는 미국에서 '국가 안보', '애국심' 같은 걸 기업 이미지로 이용해 홍보했어요.

물론 소비자들이 모두 그런 이미지에 끌려서 언더아머 제품을 이용하는 건 아닐 거예요. 그보다는 편리하고 뭔가 쿨-해 보여서겠지요? 그렇지만 상품과 함께 이미지가 사고 팔리는 요즘 같은 시대에 뭔가가 특별히 쿨-해 보인다면, 유달리 마음이 끄는 그 이미지가 어떤 것인지 생각해 볼 필요가 있지 않을까요? 우리 삶의 소중한 가치를 상품이 만들어 파는 이미지로 대신할 수는 없을 테니까 말이에요.

9장

스포츠 경기의
비밀과 지혜

오늘날 스포츠 경기는 첨단 과학이 경쟁하는 장이에요. 최고들이 경쟁하는 무대에서 한 발 차이 승부를 결정하는 건 바로 과학적 훈련 기법, 영양을 공급하는 체계적인 식단, 최첨단 소재로 만든 운동 장비 등이거든요.

그런데 스포츠 경기에 적용되는 원리들은 우리들에게 지혜를 나눠 주기도 해요. 보이는 것과 보이지 않는 것을 구분하는 법, 참을성을 길러 기쁨을 맛보는 법, 무리하지 않고 잘 쉬는 법 등등. 스포츠 경기 속 비밀 몇 가지를 만나 볼까요?

우사인 볼트가 맨발로 달린다면

여러분은 달리기 시합을 하면 어떤 신발을 신고 뛰어요? 이모와 삼촌이 초등학교에 다니던 시절에는 신발을 벗고 맨발로 뛰는 친구들이 많았어요. 운동화 바닥이 미끄럽기도 했고, 또 운동화가 무거워서 벗고 달리면 날아가듯 가볍게 느껴졌거든요. 그런데 세계 육상 대회에서 뛰는 선수들의 발을 자세히 들여다보면, 하나같이 '스파이크'라 불리는 육상 경기용 운동화를 신고 있어요. 만일 100미터 달리기 세계 기록 보유자인 우사인 볼트 선수가 맨발로 달렸다면 어땠을까요? 스파이크를 신지 않고도 똑같은 실력을 발휘할 수 있었을까요?

'발바닥'은 우리 몸 중에서 제일 자주 '땅'과 맞닿는 곳이에요. 앉아 있다가 일어설 때도 그렇고, 걸을 때도 그렇고, 달릴 때에도 우리는 우리가 모르는 사이 발바닥에 원하는 방향과 크기로 '힘'을 줘서 땅바닥을 밀어내요. 더욱이 스포츠 경기에서 선수들은 평소보다 훨씬 큰 힘을 순간적으로 써야 하는 경우가 많아요. 상대방의 움직임을 읽고 요리조리 방향을 바꿔야 하는 축구 경기나, 빠른 공을 쫓아가 강력한 스윙을 해야 하는 테니스 경기를 생각해 봐요. 그런 동작들을 빠르고 정확하게 하려면, 당연히 땅을 딛는 발바닥에 힘을 효과적으로 전달해야 하겠지요? 스포츠 운동화는 이런 '특별한' 움직임을 효율적으로 땅에 전달할 수 있도록 제작돼요. 맨발이 가진 '장점'은 살리고, '단점'은 보완하면서 말이지요.

예를 들어 우사인 볼트와 같은 100미터 달리기 선수들은 뾰족한 '징'이 박힌 스파이크화를 신어요. 특이한 점은 앞쪽에만 징이 박혀 있다는 거예요. 이건 100미터 달리기의 비밀하고도 관련되어 있어요. 단거리 선수들은 발바닥 앞쪽을 이용해 뛰거든요. 이때 징이 마치 갈고리처럼 땅을 낚아채서 선수의 몸이 앞으로 쭉쭉 나아갈 수 있도록 도와줘요. 대신 잘 안 쓰는 발바닥 뒤쪽은 징이 있을 필요가 없지요.

우사인 볼트 선수는 2012년 런던 올림픽에서 3개의 금메달을 땄어요. 당시 그가 신었던 스파이크화는 오직 볼트 선수만을 위해 제작된, 전 세계에 단 하나뿐인 운동화였대요. 무게가 100그램 정도로 사과 반쪽보다도 가벼운 데에다, 다른 스파이크화보다 징의 수도 많았대요. 미끄럽지 않으면서도 맨발처럼 가벼웠을 것 같죠? 맨발로 달렸다면 세계 기록을 내기는 어려웠을 거예요.

그렇다면 우리도 스파이크화를 신고 달리면 금세 자신의 최고 기록을 경신할 수 있을까요? 글쎄, 꼭 그렇지 만은 않을 거 같아요. 초등학교 시절 달리기 선수였던 삼촌은 처음 스파이크화를 신었던 날

우사인 볼트가 발바닥의 앞쪽에만 징이 박혀 있는 스파이크를 벗는 모습.

최고 기록은커녕 몇 번이고 넘어질 뻔해서 혼쭐이 났었거든요. 왜냐고요? 스파이크화의 장점을 활용해서 달리는 방법도, 그에 필요한 힘도 갖고 있지 않았기 때문이에요.

어떤 종목에서 선수가 된다는 것은 그 운동을 잘한다는 얘기이기도 하지만, 장비를 제대로 활용할 수 있는 기술과 힘을 갖추어 가는 과정이기도 해요. 그렇게 보면 운동화란 그 종목 고유의 동작과 기술이 발휘될 수 있도록 설계된 하나의 예술 작품이라고 부를 수 있지 않을까요?

장거리 경주의 매력

　오래달리기를 해 본 친구들이라면 누구나 힘들었던 기억을 먼저 떠올릴 거예요. 숨은 턱 끝까지 차오르고, 어깨랑 다리 근육은 마비된 것처럼 뻣뻣하고 힘이 빠지는 데다가, 머리도 어지럽고, 심지어 토할 거 같은 기분이 들기도 하니까요. 정도는 다르지만 매일 훈련을 하는 장거리 육상, 수영, 사이클 선수들도 똑같은 경험을 한다고 해요. 경기 중에 겪는 이런 순간을 한자로 '사점死點'이라고 불러요. 쉬운 말로 하면, 숨이 차서 '죽을 거 같은 고비'라고 할까요?

　평소 우리 몸은 일상생활을 하는 데 익숙해져 있어요. 얘기하고, 밥 먹고, 걷는 거 같은 가벼운 활동들 말이에요. 이런 활동들은 대개 특별히 힘을 들이지 않고 편안하게 할 수 있어요. 그런데 달리기라든가 수영 같은 운동을 쉬지 않고 하다 보면 숨이 차오르지요? 그건 우리 몸이 운동에 필요한 힘을 만들어 내기 위해서 평소보다 훨씬 많은 산소를 요구하기 때문이에요. 헐떡거릴 정도로 숨을 더 크게, 자주 쉬어야 하고, 그에 맞춰 심장도 더 빨리 뛰면서 온몸에 필요한 혈

액과 산소를 공급해 근육의 운동을 돕는 거예요. 즉 우리가 운동 중에 겪는 '죽을 거 같은 고비'는 우리 몸이 평온한 상태에서 격렬한 운동 상태로 전환하는 중에 나타나는 자연스러운 현상인 거죠.

이 과정이 고통스럽다 보니 많은 사람들은 사점에 다다를 때쯤 운동을 포기하곤 해요. 그런데 그거 알아요? 오르막길을 계속 오르다가 평지를 만나면 발걸음이 가벼워지는 것처럼, 이 '죽을 거 같은 고비'만 넘기고 나면, 오히려 몸이 편안해지고 머리가 맑아지면서 고요하고 평온한 기분이 찾아온다는 걸요. 칙칙폭폭 꾸준한 속도로 힘차게 달리는 기차처럼, 우리 몸이 완전히 운동하는 상태로 전환했기 때문이에요. 과학자들의 연구에 따르면, 우리의 뇌는 오랫동안 운동을 할 때 통증을 느끼지 않도록 엔도르핀이라는 물질을 배출해요. 바로 이 물질이 운동을 지속할 때, 피로감을 덜 느끼게 하고, 행복감을 높여 주지요.

물론 운동을 통해서만 이런 기분을 느낄 수 있는 건 아니에요. 어떤 친구들은 재미있는 이야기책을 읽으며 상상의 나래를 펼칠 때 이런 황홀함을 경험해요. 또 어떤 사람은 무대에서 신들린 듯 연기할 때 희열을 느낀대요. 악기를 연주하면서 음악에 흠뻑 취할 때도 마찬가지이고요.

달리기든 수영이든, 자전거 타기든, 장거리 경주를 할 때든, 오랜 시간 운동할 때 느끼는 행복감의 특징은 온몸으로, 보다 강렬하게 경험한다는 거예요. 어려운 고비를 넘기고 평온하게 달릴 수 있는 시간이 되면, 아무 소리도 들리지 않고 오로지 몸으로 느끼는 고요의 순간이 찾아와요. 그런 점에서 장거리 경주는 힘들기만 한 '자신과의 싸움'이 아닐지도 몰라요. 어려운 고비를 넘기고 끝까지 달리는 사람들에게는 오히려 '자기 자신과 평화로운 대화'를 나눌 수 있는 소중한 시간이기도 하거든요.

눈에 보이는 게
전부가 아니야

 2018년 러시아에서 열렸던 축구 월드컵 경기 기억하나요? 한국 팀은 예선 경기에서 1승 2패로 조 3위를 차지했기 때문에 16강에 진출하지는 못했지요. 특히 스웨덴 팀, 멕시코 팀과 펼친 처음 두 경기를 내리 지는 바람에 많은 축구팬들이 선수들을 비난했어요. 심지어 어떤 사람들은 인터넷 댓글로, 실수를 한 몇몇 수비 선수에게 욕설을 내뱉기도 했고요. 하지만 며칠 뒤 한국 팀이 세계 랭킹 1위였던 독일 팀을 2대 0으로 이기면서 상황이 완전히 뒤바뀌었어요. 한국 축구팬들은 골을 넣거나 막은 선수들을 칭찬하기 바빴고, 이들은 금세 국민 영웅이 되었어요.

 이처럼 사람들은 당장 눈에 보이는 활약이나 실수로 선수들을 평가하곤 해요. 특히 골을 넣거나 막은 선수는 치켜세우고, 골을 허용하거나 실수한 선수는 심하게 비난하기 일쑤예요. 그런데 이렇게 득점이나 실점만으로 평가하는 게 옳은 걸까요? 혹시 선수들의 '보이지 않는 활약'을 놓치고 있는 건 아닐까요?

1990년대 후반까지만 해도 축구 경기를 분석할 때 '슈팅', 골을 돕는 '어시스트', 공을 갖고 있는 '소유 시간' 등을 확인하는 게 전부였어요. 슈팅과 어시스트 숫자가 높을수록, 오래 공을 소유할수록 좋은 경기를 한 것으로 생각했어요. 그런데 최근 들어 선수들의 활약을 다양한 방식으로 측정하는 기술이 개발됐어요. 경기 중에 몇 킬로미터를 달렸는지, 얼마나 빨리 달렸는지, 공을 어디에서 받았고 어디로 패스했는지 등 무궁무진한 정보를 얻을 수 있게 된 거예요.

먼저 선수들이 경기장 어디를 돌아다녔는지 발자국으로 표시해 주는 지도가 있어요. 골키퍼라면 자기편 골대 근처에 가장 많은 발자국이 표시되는 식이지요. 그래서 이 지도를 보면, 선수들이 어느 지역에서 가장 활발하게 움직였는지를 알 수 있어요. 예를 들어 다음 쪽에 있는 17번 이재성 선수의 독일 팀과의 경기 발자국 지도를 보면, 오른쪽에서 수비와 미드필드를 오가며 열심히 경기한 것을 확인할 수 있어요. 이재성 선수는 이 경기에서 한국 선수 중 가장 많은 거리(12킬로미터)를 뛰었어요. 예선 세 경기에서 모두 10킬로미터 이상을 달린 것도 이재성 선수가 유일했고요. 비록 골을 기록하지는 못했지만, 한국 팀의 숨은 일꾼이었던 셈이지요.

또 한 가지! 요즘은 골대를 향해 공을 찰 때마다 슈팅의 '위험성'을 확인할 수 있어요. 슈팅의 각도, 거리, 어떤 패스로부터 연결된 슈팅인지, 어떤 발로 슈팅을 했는지에 따라 골이 될 가능성을 따져 보는 거예요. 예선 세 경기에서 한국 팀은 골대 안 슈팅을 많이 허용

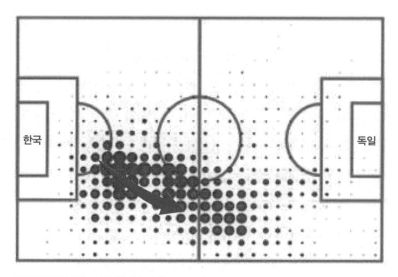

독일전에서 이재성 선수의 발자국 지도(heat map).

한 팀 중에 하나였어요. 그렇지만 허용한 슈팅의 위험성은 평균보다 낮았어요. 즉 한국 팀 수비 선수들이 상대 팀 공격 선수들을 집요하게 괴롭혀서 편안하게 슈팅할 수 없도록 했다는 얘기지요. 물론 골키퍼인 조현우 선수의 멋진 선방은 빼어난 순발력 덕분이에요. 그렇지만 골대 앞에서 부지런히 움직이며 슈팅의 각도를 좁혀 준 수비 선수들의 활약 또한 조현우 선수의 선방에 큰 역할을 했다고 할 수 있을 거예요.

축구 경기의 정보를 분석하는 전문가들은 입을 모아 말해요. '축구 경기에서 득점이나 실점을 할 때, 그 장면만 딱 떼어 놓고 설명할 수는 없다'고요. 왜냐면, 득점이나 실점이 발생하기 훨씬 이전 단계부터 경기장에서 뛰는 선수들 각각의 움직임이 이미 득점이나 실점의 가능성을 결정하기 때문이래요. 독일 팀과의 경기에서 나온 조현우 선수의 선방과 손흥민 선수의 득점도 마찬가지일 거예요. 이 멋진 장면들은 미리 상대 팀 슈팅의 길목을 막아 준 수비수들, 그리고 보이지 않는 곳에서 열심히 뛴 미드필드 선수들의 활약 덕분 아니었을까요?

텔레비전 중계방송이나 인터넷 기사는 눈에 띄는 선수들의 활약상만 강조해요. 물론 골을 성공시키고 막는 것도 중요해요. 하지만 공을 소유하고, 지치지 않고 뛰면서 공간을 만드는 등 경기의 '흐름'을 좌우하는 노력의 순간들도 함께 평가해야 하지 않을까요? 눈에 보이는 것만으로 선수들을 비난하거나 치켜세우기보다, 숨은 활약에 대해서도 응원과 박수를 보낼 때, 선수들 또한 경기장에서 멋진 플레이로 팬들에게 보답할 수 있을 거예요.

'운동 신경'이 좋은 사람은
뭐가 다를까?

유달리 '운동 신경'이 좋은 친구들이 있지요? 처음 배우는 데도 동작을 곧잘 따라 하는 친구들 말이에요. 배구의 김연경 선수, 크로스컨트리 스키의 신의현 선수처럼 올림픽이나 패럴림픽 대회에 출전할 정도로 뛰어난 운동 신경을 '타고난' 사람도 있어요. 물론 운동에 서툰 '몸치'도 있고요. 하지만 이들도 연습을 통해 운동 신경을 기를 수 있다고 해요. 그렇다면 운동 신경이 좋다는 건 무슨 말일까요?

운동 신경이 좋은 사람들은 뛰어난 운동 학습 능력을 갖고 있대요. 그중 한 가지는, 이전에 경험한 운동 동작의 원리를 몸으로 기억하고, 쉽게 따라 하는 능력이에요. 사람 얼굴을 잘 기억한다거나 좋아하는 시를 잘 외우는 사람처럼, 운동 경험을 근육이나 피부의 느낌으로 또렷이 기억하는 거예요. 그러면 새로운 운동을 배워도 쉽게 따라 할 수 있겠죠? 또 다른 능력은 운동할 때 필요한 정보를 잘 분류하는 능력이래요. 공을 하나 집어들 때에도 공의 재질과 무게에 따라 한 손으로 잡을지, 양손으로 잡을지, 또 얼마큼 힘을 쓸지 우리도 모르는 새 판단하는 거 알아요? 스포츠 경기를 할 때에는 그것보다 조금 더 복잡하고 빠른 상황 판단을 할 뿐이에요. 야구를 할 때 공이 어떤 속도와 방향으로 날아오는지, 축구를 할 때 상대편의 태클이 위험할지 안 위험할지를 직감으로 판단하는 것처럼 말이죠.

언뜻 들으면 대단한 능력 같죠? 하지만 스포츠를 즐기는 데 필요한 운동 신경쯤은 연습을 통해서 충분히 기를 수 있어요. 예를 들어 수영 자유형을 배울 때에는 발차기 동작, 팔 동작, 숨 쉬는 동작을 각각 구분해서 순서대로 배우잖아요. 처음에는 발차기에 신경을 쓰다 보면 팔 동작이 망가지고, 팔 동작에 집중하다 보면 숨쉬기 동작이 엉망이 되기 쉬워요. 하지만 연습을 하다 보면 뻣뻣했던 동작들이 자연스러워지고, 자기만의 리듬에 맞춰 연결돼요. 똑같은 동작을 하더라도 힘을 쓸 때와 뺄 때를 구분해서 더 빨리, 더 오래 수영할 수 있게 되지요. 이러한 단계가 되면, 배영이나 평영 등 다른 영법들도 더 쉽고 빠르게 배울 수도 있어요. 물속에 있는 다른 사람들을 요리조리 피해 가며 여유롭게 수영할 수 있고요. 연습을 통해 운동 신경이 발달했기 때문이에요.

이렇게 운동하는 방법을 익히고 나면, 힘을 다룰 수 있게 돼요. 몸을 움직이면 힘이 생기잖아요. 운동 연습이란 그 힘을 아무렇게나 쓰는 게 아니라, 특정 운동 종목에서 요구하는 동작과 경기 규칙에 알맞게 쓰는 법을 배우는 거예요. 다시 수영을 예로 들어 볼게요. 수영을 배운다는 것은 물의 저항을 최대한 적게 받으며 앞으로 나가기 위해 몸을 유선형으로 만들고 앞으로 움직이는 데에 힘을 집중하는 걸 연습하는 거예요. 야구도 마찬가지예요. 야구 선수는 방망이를 아무렇게 휘두르는 대신, 타석에서 야구공을 정확하게 멀리 보내는 데에 순간적인 힘을 쏠 수 있도록 몸을 단련하는 거예요.

이처럼 운동 신경을 기른다는 건 우리가 가진 힘을 적절히 사용하는 법을 몸에 새겨 넣는 과정이에요. 몸 안에 '힘을 쓰는 길'을 낸다고나 할까요? 그런데 꼭 운동을 할 때뿐 아니라, 우리가 무심코 하는 '몸짓'도 '힘'을 갖고 있다는 거 혹시 알아요? 친구들이 등을 두드려 줄 때 기운이 나고, 혐오의 표정과 말투 때문에 마음에 상처를 입는 것처럼요. 운동을 배울 때 운동 신경을 다듬어서 효과적으로 힘을 사용하는 법을 수련하는 것처럼, 우리의 몸짓이 내는 힘을 알고 이를 적절히 사용하기 위한 '신경'도 필요하지 않을까요? 힘을 아무렇게나 쓰지 않고, 서로를 배려하고 보살피는 일에 잘 모아서 사용하기 위한 '센스' 말이에요!

기술 혁신과
기술 도핑

　오늘날 스포츠 선수들의 실력은 과학 기술의 발전에 크게 빚지고 있어요. 예를 들어 더 가벼운 소재로 만든 운동화를 신으면, 달리기 기록을 향상시킬 수 있을 테니까요. 그런데 새로운 장비가 개발되었다고 무조건 사용할 수 있는 건 아니에요. 어떤 장비는 '기술 혁신'으로 인정받고 널리 활용되는 반면, 다른 장비는 '편법'이라고 금지되기도 하거든요.

　스포츠 장비의 발전이 '기술 혁신'으로 인정받은 대표적인 사례는 육상 '장대높이뛰기' 경기의 '유리 섬유 장대'에요. 장대는 영어로 '폴pole'이라고 불러요. 초창기에는 딱딱한 나무로 폴을 만들었대요. 그러다가 1940년대 즈음 약간의 탄성이 있는 대나무 폴이 나오자 높이뛰기 기록이 크게 향상되었어요. 그런데 1942년 세계 신기록이 나온 이후, 기록이 깨지지 않았대요. 알루미늄으로 만든 폴이 개발되긴 했지만 신통한 효과도 없었고요.

　그렇게 신기록에 한창 목말라 있던 1961년, 유리 섬유 소재로 된 폴이 등장했어요. 유리 섬유 폴은 튼튼하면서도 탄성이 좋아서 선수들이 더 높이 뛰어오를 수 있었어요. 그 이후 3년 사이에 세계 기록이 무려 48센티미터나 올라갈 정도였으니까요. 그러자 알루미늄 폴을 사용하는 선수들은 유리 섬유 폴 사용에 반대했죠. 순전히 '폴' 덕분에 기록이 향상되는 건 스포츠가 아니라고 주장했어요. 하지만 경기 규칙을 정하는 '국제 육상경기 연맹'은 유리 섬유 폴의 사용을 인정했어요. 큰 탄성 덕에 만들어지는 선수들의 역동적인 동작이 멋진 볼거리를 만들었거든요. 그리고 더 중요한 점! 장대높이뛰기 종목의 인기를 되살리기 위해선 경기 기록의 향상이 꼭 필요하다고 판단했기 때문이에요.

이와 반대로 '금지된' 신소재 장비도 있어요. 그중 하나가 2000년대 초 열풍을 일으킨 '전신 수영복'이에요. 2000년 시드니 올림픽 경기에서 수영복 제조 회사인 스피도Speedo는 사람 피부보다 매끄러운 소재로 만든 수영복을 선보였어요. 그 효과는 탁월했지요. 시드니에서 나온 15개의 세계 신기록 중 13개가 스피도의 전신 수영복을 착용한 선수들에 의해 수립되었거든요. 그 이후 스피도는 폴리우레탄 소재로 만든 전신 수영복을 몇 차례 더 개발했어요. 그리고 2008년 한 해 동안 스피도 수영복은 각종 세계 대회에서 무려 108번이나 세계 신기록을 세웠지요.

이렇게 무더기로 신기록이 탄생하자 사람들은 반가움 대신 의구심을 갖기 시작했어요. 선수들의 실력이 아니라 수영복이 신기록을 세우는 거 같았거든요. 더구나 공정성 문제도 있었어요. 모든 선수들이 스피도 수영복을 입을 수 있는 건 아니었으니까요. 그런 논쟁에 더 불을 지핀 건 다른 수영복 제조 회사들이었어요. 아레나, 미즈노, 아디다스 같은 경쟁 회사들은 스피도 혼자만 승승장구하는 게 얄미웠거든요. 특히 스피도의 최대 경쟁사인 아레나는 국제수영연맹에 항의했어요. 스피도의 폴리우레탄 수영복이 스포츠의 공정성을 심각하게 훼손하고 있다면서, '기술 도핑'이라고 주장했어요. 원래 '도핑'은 선수들이 경기력을 향상시키기 위해 약물을 복용하는 걸 말해요. 아레나는 스피도의 전신 수영복이 약물 복용처럼 '편법'으로 기록을 향상시킨다고 주장한 거죠. 국제수영연맹은 이 주장을 받아들였고, 2009년부터 공정한 경쟁을 위해 폴리우레탄 소재의 수영복과, 전신 수영복 디자인을 금지했어요.

사실 장대높이뛰기의 유리 섬유 폴과 수영의 폴리우레탄 수영복은 똑같이 스포츠 경기의 기록 향상을 도운 혁신적인 기술이에요. 그런데도 두 신소재 장비가 서로 다른 운명을 맞게 된 이유는 뭘까요? 아마도 육상과 수영, 두 스포츠를 둘러싼 정치적, 상업적 관계 때문이었던 거 같아요. 신기록을 갈망하던 육상에서는 인기를 유지하기 위해 유리 섬유 폴을 환영한 반면, 여러 수영복 제조업체가 후원하는 수영에서는 한 회사가 독차지하고 있던 폴리우레탄 수영복을 금지했던 거예요.

흔히 스포츠는 공정한 경쟁이라고 하잖아요? 경기가 진행되는 상황만 놓고 보면 그럴지도 몰라요. 그런데 그 경쟁을 벌이기 위한 규칙은 스포츠를 둘러싼 커다란 정치·경제적 환경에 의해 결정되는 거 같아요. 이처럼 어떤 기술은 허용하고 다른 건 금지하는 걸 보면, 우리가 알고 있는 세계 기록이라는 것도 어쩌면 순수하고 공정한 선수들 사이의 경쟁의 결과라기보다는, 스포츠를 둘러싼 여러 욕심들 사이에서 타협되고 조절된 결과일지도 몰라요.

운동선수가 되려면
봄에 태어나라(?)

몇 년 전 한 언론사에서는 한국 프로 야구 선수들이 어느 달에 가장 많이 태어났는지를 발표한 적이 있었어요. 봄3~5월과 여름6~8월에 태어난 선수들58%이, 가을과 겨울에 태어난 선수들42%보다 더 많았어요. 프로 축구 선수들에 대한 비슷한 연구 결과도 있는데, 계절별 차이가 조금 더 컸어요. 62퍼센트의 축구 선수들이 봄과 여름에 태어난 반면, 가을과 겨울에 태어난 선수는 38퍼센트에 불과했어요. 그렇다면, 운동선수가 되기 위해서는 봄이나 여름에 태어나는 게 유리한 걸까요?

잠깐만요! 아직 성급하게 결론을 내리기에는 일러요. 왜냐면 영국에서도 비슷한 조사를 한 적이 있었는데, 그 결과가 반대였거든요. 축구 선수로 선발된 청소년 805명의 생일을 살펴봤더니, 9~12월에 태어난 선수들이 가장 많았고58.7%, 그다음이 1~4월에 태어난 선수들28.6%, 그리고 5~8월에 태어난 선수들의 숫자가 가장 적었어요12.7%. 그렇다면 왜 영국에서는 한국과 반대로 가을과 겨울에 태어난 선수들이 많은 걸까요?

그 해답은 바로, 학교의 새 학년이 언제 시작하느냐에 있었어요. 3월에 새 학년이 시작하는 한국에서는 봄에서 여름 사이, 9월에 새 학년이 시작하는 영국에서는 가을에서 겨울 사이에 태어난 선수들이 많았어요. 그러니까 또래들보다 생일이 빠른 운동선수들의 숫자가 많은 거예요. 이런 현상은 미국, 캐나다, 일본 등 세계적으로 비슷하게 나타나고 있어요. 도대체 생일이 빠른 거랑, 운동선수가 되는 거랑 어떤 상관이 있는 걸까요?

물론 태어난 시기가 운동 소질을 결정하는 건 아닐 거예요. 하지만 우리가 소질을 계발하는 데 필요한 기회랑 관련이 있을지도 몰라요. 같은 학년이라도 생일이 1월인 친구랑, 생일이 12월인 친구랑은 거의 1년 가까운 차이가 있어요. 어릴 때는 몸과 마음이 쑥쑥 자라기 때문에 같은 학년이라도 태어난 달에 따라 신체 조건이나 운동 능력의 발달 정도에 큰 차이가 나요. 그렇다 보니 같은 학년끼리 운동 경기를 해도 몇 개월 '더 자란' 친구들이 상대적으로 유리하겠지요? 더군다나 운동을 잘해서 칭찬을 받으면, 더 흥미가 생기고 노력하게 되니까 더욱 실력이 늘겠죠? 그중에서도 실력이 월등한 친구라면 선수로 선발되어 체계적인 훈련을 받게 되니까, 이런 이유로 운동선수들 중에는 생일이 빠른 사람들이 많다는 거예요.

하지만 이건 어디까지나 통계에 불과해요. 태어난 시기는 운동에 흥미를 느끼거나 배울 기회를 갖도록 하는데 영향을 미칠 뿐, 나머지는 오롯이 선수들의 노력, 오랜 시간 땀 흘리며 갈고닦은 실력에 의해 좌우되니까요! 그러니까 언제 태어났는지는 그렇게 중요한 기준은 아닌 거 같아요. 중요한 건, 차근차근 자기가 좋아하고 흥미를 느끼는 것이 무언지 알아나가는 거죠. 여러분은 저마다 성장 속도가 다를 뿐만 아니라 한 가지 소질로 판단하기에는 너무나도 많은 잠재력을 가졌으니까요!

휴식이 필요해!
―인내와 무리 사이

화려하게 프로 무대에 데뷔했지만 기량을 맘껏 펼쳐 보지도 못하고 일찍 은퇴하는 선수들이 있어요. 예전에 다쳤던 곳을 또 다친다든지, 몸 상태가 좋지 못해 결국 운동장을 떠나는 선수들을 보면 마음이 아파요. 왜 한창 성장해야 할 20대 초반의 젊은 선수들에게 이런 일이 벌어지는 걸까요?

대개 그 원인은 '무리'한 훈련 때문이라고 해요. 혹시 2017년 초 월드 베이스볼 클래식 대회에서 대표 팀을 맡았던 김인식 감독 알아요? 김 감독은 젊은 시절 투수로 활약하면서 너무 많은 공을 던진 탓에 어깨를 다쳐서 일찍 선수 생활을 그만둬야 했대요. 예전 고교 야구에서는 이런 일이 흔했어요. 공을 잘 던지는 '에이스' 투수가 예선부터 결승까지 5~6 경기 내내 쉬지 않고 공을 던지기도 했어요. 한번 지면 탈락하는 토너먼트 경기다 보니, 믿고 맡길 수 있는 투수 한 명의 어깨에 팀 전체의 운명을 걸었던 거예요. 프로 경기에 참가하는 성인 투수들도 한 경기에서 공을 던지고 나면 4~5일을 쉬는 게 보통이거든요. 그런데 10대 선수들이 그런 무리를 했다니, 믿어지지가 않죠?

다행히 요즘은 무리한 훈련으로부터 어린이 선수들을 보호하려는 노력이 전 세계적으로 진행되고 있어요. 예를 들어 야구 경기에서는 성장기의 투수들이 던지는 공의 개수를 제한하고, 반드시 며칠 이상을 쉬도록 하는 규칙을 만들었어요. 하지만 선수들 스스로 무리한 훈련을 하기도 해요. 시험공부를 위해 잠을 줄이는 학생들과 비슷한 마음이 아닐까요? 힘들고 피곤해도 '조금만 더 하자!', '이 정도는 이겨 내야 1등을 할 수 있지!'라는 마음으로 계속 무리를 하게 되는 거예요. 더구나 부모님이나 코치 선생님이 큰 기대를 걸고 있고, 다른 선수들과 치열한 경쟁에 놓여 있다면, 아프거나 힘들어도 쉬기가 힘들거 같아요.

뛰어난 선수가 되려면 힘든 훈련을 참고 이겨 내야 하는 것도 사실이에요. 하지만 문제는, 무턱대고 참다가는 몸과 마음을 해칠 수도 있다는 점이에요. 이런 까닭에 경험이 많은 스포츠 지도자들은 '인내'와 '무리'를 종이 한 장 차이라고 해요. 그럼 어떻게 해야 할까요?

해답은 바로 '휴식'이에요! 조바심을 갖지 않고, 훈련으로 지친 몸과 마음이 회복될 수 있도록 편안한 마음으로 기다리는 시간을 갖는 것! 그때 바로 훈련 효과가 몸과 마음에 자연스럽게 스며들 수 있다는 거예요. 스포츠 과학자들이 휴식을 '제2의 훈련'이라고 부르는 이유이기도 해요. 열심히 훈련하는 것만큼 열심히 쉬는 것도 중요해요.

그런데 이게 꼭 운동선수들만의 얘기는 아닌 거 같아요. 우리들 모두 운동선수들과 마찬가지로 자기가 좋아하는 것을 발견하고, 그걸 배우다 보면 힘든 고비를 참고 버텨야 할 때가 있잖아요? 이럴 때 발휘하는 '인내심'은 책임감 있는 어른이 되어 가는 데 꼭 필요한 덕목 중 하나일 거예요. 그런데 운동선수에게 '휴식'이 '훈련'만큼 중요한 것처럼, 우리도 무리하지 않고 편안히 '잘 쉬는 습관'을 길러야 해요. 우리도 모르는 사이 몸과 마음에 '무리'가 쌓이고 있을지 모르거든요. 시험이 끝나면, 어른이 되면, 좋은 직장을 가지면, 그다음에 실컷 놀 수 있다고 오늘의 휴식을 하루하루 희생하다가 지쳐 버리면, 쉬기 위해 미뤄 둔 그날은 계속 멀어지기만 할지도 몰라요.

10장

모두를 위한
스포츠

스포츠는 여럿이 함께 모여 즐기는 마당을 만들어 줘요. 오른손잡이와 왼손잡이가 함께 어우러지고, 가난한 사람과 부자도 함께 즐기고, 여성과 남성, 노인과 어린이, 심지어 동물까지 함께 즐기는 스포츠도 있으니까요.

누가 오더라도 환영하고 금세 함께 어울려 노는 모습이야말로, 스포츠만이 가진 매력 아닐까요?

오른손잡이들의 세상,
왼손잡이들의 활약

여러분은 왼손잡이인가요, 오른손잡인가요? 보통 열 사람 중에 아홉 명은 오른손잡이, 한 명은 왼손잡이래요. 그러니까 오른손잡이가 훨씬 많겠지요? 그래서 그런지 세상은 온통 오른손잡이에게 편리하게 되어 있어요. 방문 손잡이를 돌릴 때도, 컴퓨터의 마우스를 다룰 때도, 심지어 가위로 종이를 자를 때도 왼손잡이들은 불편해요. 그런데 오른손잡이들은 오른손을 중심으로 만들어진 세상이 너무나도 편하고 익숙한 나머지, 왼손잡이들이 그런 불편을 겪는지도 모르는 거 같아요. 그렇다면 스포츠의 세계에서는 어떨까요?

스포츠를 배울 때도 왼손잡이는 조금 불편해요. 왜냐면 대부분의 용품들이 오른손잡이를 위해서 나오니까요. 야구 글러브, 골프채도 왼손잡이용은 구하기 힘들고 종류도 적어요. 필드하키는 왼손잡이와 오른손잡이가 같이 경기를 펼치면 부상의 위험이 높아서 오른손잡이용 스틱만을 사용하도록 규정하고 있어요. 그래서 왼손잡이도 필드하키를 배우려면 오른손잡이용 스틱에 익숙해져야만 해요.

하지만 왼손잡이가 유리한 스포츠도 있어요. 왜냐고요? 바로 소수이기 때문이에요. 예를 들어 복싱 경기에서 왼손잡이 선수는 껄끄러운 상대라고 해요. 주먹이 날아오는 방향이 익숙하지 않은 데다가 서로 앞발이 걸려서 신경이 쓰인대요. 왼손잡이 선수 입장에서는 오른손잡이 선수가 많다 보니 오히려 익숙하지요. 하지만 오른손잡이 선수들에게 왼손잡이는 접할 기회가 없다 보니, 몹시 까다로운 거예요.

야구처럼 왼손잡이와 오른손잡이가 조화를 이루어야 하는 스포츠도 있어요. 2루, 3루, 유격수 포지션은 오른손잡이가 유리해요. 공을 잡아서 1루로 던져야 하는 경우가 많은데, 1루는 선수들의 왼쪽에 있다 보니 오른손잡이는 공을 잡아서 바로 던질 수 있거든요. 반면, 왼손잡이는 몸을 외야 쪽으로 돌렸다가 던져야 해서 시간이 더 많이 걸려요. 하지만, 타석에서는 왼손잡이들이 유리해요. 왜냐면 왼손 타석이 1루와 가까워서 공을 치자마자 달려갈 수 있거든요. 반대로 오른손잡이 타자들은 공을 치면 몸의 중심이 3루 쪽으로 기울어서 1루 쪽으로 출발하는 데 더 많은 시간이 걸리고요.

그런데 뭐니 뭐니 해도 왼손잡이로서 제일 귀한 대접을 받는 건 투수예요. 타자들이 왼손 투수의 공 움직임과 각도에 익숙하지 않아 공을 제대로 못 맞출 가능성이 높거든요.

그렇지만 오른손잡이들이 다수를 차지하는 세상에서 왼손잡이들은 여전히 불편해요. 왼손으로도 할 수 있는 젓가락질과 글씨 쓰기를 반드시 오른손으로 하라는 어른들도 많으니까요. 사실 오래전부터 많은 문화권에서 왼손은 오른손보다 불경한 것으로 여겨져 왔어요. 이런 생각은 말 자체에도 담겨 있어요. '오른'은 '옳다, 바르다'는 의미를 갖고 있는 반면, '왼'은 '불편하다, 꼬여 있다'와 같이 부정적인 뜻이 있거든요. 영어에서도 오른손잡이를 뜻하는 'right-handed'에서 'right'는 '올바르다'는 뜻인 반면, 왼손잡이를 뜻하는 'left-handed'는 그 자체로 '어색한, 서투른'이라는 뜻도 갖고 있어요. 그러니 서양에서 악수를 할 때 오른손이 쓰이는 게 이상한 일이 아니지요.

하지만 나에게 '서투른 왼손'이 다른 사람에게는 '능숙한 왼손'일 수 있고, 나에게는 '편한 오른손'이 다른 사람에게는 '불편한 오른손'일 수 있어요. 어쩌면 이 단순한 사실을 깨닫는 것이 다양한 사람들이 어울려 사는 세상에서 서로를 이해하는 출발점이 될 수 있지 않을까요? 왼손잡이와 오른손잡이가 조화를 이루어 흥미로운 경기를 펼쳐 나가는 야구와 마찬가지로, 다양한 생각과 개성을 가진 사람들이 서로 아끼고 보살피며 살아갈 때 더 행복한 세상이 될 거예요.

'말하지 않아도 알아' -동물과 함께하는 스포츠

혹시 두 사람이 짝꿍이 돼서 하는 놀이 해 본 적 있어요? 이인삼각 달리기나 줄넘기 같은 거 말이에요. 두 사람이 같은 동작으로 물속에 뛰어드는 싱크로나이즈드 다이빙이나 얼음판 위에서 스케이트를 타고 춤을 추는 아이스댄싱 경기도 마찬가지예요. 이런 경기는 혼자 할 때와는 달리 서로의 동작을 보면서 '호흡'을 맞춰야 잘할 수 있는 거 알죠? 그러려면 많은 시간을 함께 연습하면서 서로의 방식을 이해하고 존중해야 해요. 결코 쉬운 일은 아닐 거예요. 그런데 사람이 아니라 동물과 짝을 이뤄 하는 스포츠 경기라면 어떨까요? 동물하고도 눈빛만으로 호흡을 맞추는 게 가능할까요?

사람과 동물이 함께하는 스포츠로 오래전부터 발전해 온 것은 '말타기', 즉 '승마'경기예요. 인간의 오랜 친구인 말은 먼 거리를 이동하거나 짐을 운반할 때, 그리고 전쟁터에서도 큰 역할을 했어요. 유럽의 귀족들은 말을 타고 사냥하는 걸 취미로 즐기기도 했고요. 근대 올림픽 경기에서 승마는 일찌감치 제2회 파리 대회^{1900년}부터 정식

독일 라이프치히에서 열린 '월드 도그 쇼'의 도그 어질리티 경기 모습(2017년).

종목으로 채택되었어요. 최근에는 개와 함께하는 경기, 도그 어질리티 Dog agility라는 종목도 인기를 끌고 있어요. 승마의 장애물 경기를 본 따서 만든 이 종목은 주인의 안내에 따라 개가 여러 가지 장애물들을 순서대로 통과하는 경기예요. 높은 벽을 뛰어넘고, 터널을 통과하고, 나란히 놓인 기둥들을 요리조리 지나가는 등, 정해진 코스를 가장 빨리 돌아온 팀이 우승을 차지해요.

  흔히 동물과 함께하는 스포츠라고 하면 사람이 일방적으로 동물을 훈련시킨다고 생각하는 거 같아요. 그런데 학자들에 따르면, 동물과 주인은 '서로' 길들이고 맞춰 가는 사이에 가깝대요. 강아지나 고양이를 키워 본 친구들은 무슨 얘기인지 쉽게 이해할 거 같아요. 먹이를 주고, 털을 골라 주고, 씻겨 주고, 똥도 치워 주고, 아플 때 보살펴 주는 일은 동물뿐 아니라 돌봐 주는 사람의 습관이나 성격도 변화시키거든요. 그래서 오래 함께 지내다 보면 친한 친구처럼 말이 없이도 서로의 행동과 감정을 이해할 수 있게 되잖아요.

그래서일까요? 2016년 리우 올림픽 경기에 출전했던 네덜란드의 승마 선수 코넬리센은 경기 도중 자신의 말 '파르지발'이 아프다는 걸 알고 기권을 해서 화제를 모았어요. 19년을 함께해 온 파르지발의 건강을 위한 결정이었거든요. 코넬리센은 경기 시작 며칠 전, 파르지발이 갑자기 열이 오른 걸 발견했어요. 그래서 계속 옆에서 지켜 주고, 잠도 마구간에서 함께 잤대요. 다행히 시합하는 날 열이 많이 내려서 경기장에 나갔지만, 코넬리센 선수는 직감으로 파르지발이 뭔가 불편해한다는 걸 알아챌 수 있었어요. 그래서 경기를 포기했지요. 오랜 시간 동안 준비한 대회임에도 한 치의 망설임 없이 포기할 수 있었던 건, 파르지발을 단순한 동물이 아니라, 동료 선수, 또는 인생의 동반자로 생각했기 때문일 거예요. 파르지발도 그런 코넬리센의 마음을 느낄 수 있었겠지요?

동물과 함께하는 스포츠를 고상한 취미에 속한다고 생각할지도 몰라요. 시간적, 경제적 여유가 있어야 가능한 일이니까요. 하지만 더 많은 사람들이 쉽게 접할 수 있다면 어떨까요? 승마나 도그 어질리티 같은 스포츠를 통해 생명을 돌보며 함께 뛰어놀고, 공존하는 법을 배울 수 있지 않을까요? 다른 스포츠 경기들과 달리, 승마와 도그 어질리티는 여자와 남자 구분 없이 경쟁을 하고, 심지어 어린이, 할머니, 할아버지도 출전해요. 어떻게 그럴 수 있을까요? 그건 바로, 말하지 않아도 동료의 마음을 느낄 수 있는 '이해와 공감'이 가장 중요한 종목이기 때문일 거예요.

어느 할머니의
골프 이야기

골프장에서 20대 청춘을 보낸 할머니 한 분이 계세요. 스무 살이 되던 해, 마을 뒷산에 골프장이 생기면서 '캐디'로 일하게 되셨대요. '캐디'는 골프 경기의 진행을 돕는 일을 해요. 골프를 치는 사람들과 함께 이동하면서 골프채가 담긴 가방을 챙겨 주고, 골프장 코스의 특징을 설명해 줘요. 거리에 따라 적합한 골프채를 제안하기도 하고요. 지금은 남자 캐디도 있지만, 예전엔 거의 여자 캐디밖에 없었어요. 한 팀이 경기에 나가면 4~5시간 동안 무거운 골프 가방을 들고 걸어 다녀야 했기 때문에 매우 힘든 일이었어요.

하지만 할머니에게 골프는 신기하고 재미있는 운동처럼 보였어요. 직접 해 보고 싶었지요. 그러나 기회는 쉽게 찾아오지 않았어요. 1970~80년대 한국에서 골프는 경제적, 문화적 여유가 있는 특별한 사람들이나 할 수 있는 비싼 스포츠였거든요. 더구나 결혼을 하고 아이 둘을 낳아 기르며 40대가 될 때까지 할머니는 시간도, 돈도, 마음의 여유도 없었어요. 할머니는 '그래, 내 팔자에 무슨 골프야……' 하며 기대를 접었어요. 골프는 부자들이나 하는 스포츠라고 생각하면서요.

그런데 1998년 박세리 선수가 미국 프로 골프 대회에서 우승한 이후 보통 사람들도 골프를 즐기기 시작해요. 전국에 골프장도 엄청 많아졌고요. 주변 사람들이 골프를 배우는 모습을 보고, 할머니도 용기를 내어 집 근처 골프 연습장을 찾아갔어요. 그리고 열심히 골프를 배웠지요. 하지만 골프장의 푸른 잔디에서 게임을 하는 건 쉽지 않았어요. 이용료가 여전히 비쌌거든요. 더구나 골프장에 가려면 자동차도 있어야 하고, 골프채 세트랑 가방도 사야 하고, 옷도 차려입어야 하는데, 모두 돈이 드는 일이잖아요? 할머니는 "뱁새가 황새를 따라가다간 가랑이가 찢어진다"는 옛말이 떠올랐대요.

그런데 얼마 전 할머니는 소원을 이뤘어요. 뉴질랜드 시골에 사는 친척을 만나러 간 두 달 동안, 한국보다 훨씬 저렴한 골프장에 다녔던 거예요. 뉴질랜드의 골프장은 한국과 많이 달랐어요. 이용료가 싼 건 말할 것도 없거니와, 비싼 골프웨어를 차려입지 않아도 되었거든요. 심지어 농장에서 일하다 장화를 신고 와서 골프를 치는 현지 사람들도 있었어요. 한국이었으면 격식에 어긋난다며 쫓겨났을 텐데 말이죠. 한국처럼 골퍼를 도와주는 캐디도 없고 시설은 허름했지만, 혼자서 값싸게 골프를 즐길 수 있다는 사실만으로도 할머니는 무척 행복했대요. '나 같은 뱁새들을 위한 골프장이로구나!' 하면서요.

할머니는 궁금했대요. '왜 뉴질랜드에서는 누구나 값싸게 골프를 즐길 수 있는 걸까?' 하고요. 아마도 뉴질랜드는 잔디가 잘 자라는 기후이기 때문에 골프장을 짓고 관리하는 데 돈이 적게 들어서일 거예요. 한국에서는 산을 깎아야 하고, 잔디를 관리하기 위해 농약을 사용해야 하거든요. 또 대부분의 뉴질랜드 골프장은 수익을 내기 위한 시설이 아니에요. 골프를 즐기려는 보통 사람들이 찾는 곳이기 때문에 값싸게 즐길 수 있는 조촐한 환경을 만들어 놓은 거지요.

한국으로 돌아오는 비행기에서 할머니의 머릿속은 여러 생각으로 복잡했대요. 한편으로는 '산을 깎고 농약을 쳐야만 하는데, 한국에서 굳이 골프를 쳐야만 할까?' 하는 생각! 또 다른 한편으로는 '그래도 골프가 누구에게나 열린 스포츠였다면 일찍부터 내가 원하는 취미 활동을 즐길 수 있었을 텐데.' 하는 아쉬움. '그까짓 취미가 뭐라고!' 라고 하기엔 할머니가 평생 동경해 온 골프, 그 골프를 쉽고 편하게 즐기는 다른 나라 사람들의 모습에, 할머니는 조금 허탈했대요.

네트볼
-여성들만의 스포츠에서
모두를 위한 스포츠로

혹시 네트볼netball이라는 스포츠를 본 적 있나요? 높게 매달린 동그란 골대 안에 공을 던져 넣는 경기예요. 얼핏 들으니 농구를 말하는 거 같죠? 그런데 네트볼은 농구와 달라요. 농구 골대는 뒤에 네모난 널빤지백보드가 붙어 있지만, 네트볼은 기둥 끝에 바스켓만 덩그러니 있어요. 또 농구 경기는 드리블을 하면서 이동을 하잖아요. 그런데 네트볼 경기에서는 공을 바닥에 튀길 수 없어요. 대신 패스를 주고받으며 앞으로 나아가야 하죠. 그리고 네트볼 선수들은 농구 선수들처럼 경기장 어디나 맘껏 다닐 수 없어요. 포지션마다 정해진 구역 안에서만 움직여야만 해요. 이미 농구가 있는데 왜 네트볼처럼 까다로운 규칙의 스포츠가 생겨난 걸까요?

네트볼은 원래 '여성을 위한 농구'로 개발되었어요. 농구는 1891년 미국의 체육 선생님인 네이스미스가 고안했어요. 남학생들의 체육 활동을 위해 만들었지요. 그런데 경기를 지켜보던 여자 체육 선생님들은 여학생들을 위해 농구 규칙을 살짝 바꾸었어요. 상대 선수

농구를 고안한 네이스미스.

가 공을 잡았을 때는 일정한 거리를 두고 물러서서 막도록 하고, 골대 앞에서 머물 수 있는 시간도 3초에서 5초로 늘렸어요. 그래서 보다 천천히, 안전하게 경기할 수 있도록 했지요. 이렇게 해서 네트볼이 만들어진 거예요. 느슨한 경기 스타일 덕분에 '여성다운' 운동 경기로 인정받았고요. 물론 여성 스포츠, 남성 스포츠가 따로 있는 건 아니에요. 그렇지만 여성의 스포츠 참가에 대한 선입견이 있던 시절에 네트볼은 여성들이 그나마 적극적으로 참여할 수 있는 운동이었어요. 그 후 네트볼은 영국, 호주, 뉴질랜드, 남아프리카공화국, 자메이카 등으로 널리 퍼져 나갔어요.

그런데 여성 스포츠로 알려졌던 네트볼이 요즘 남자들에게도 인기를 얻기 시작했어요. 남자라고 해서 꼭 과격한 스포츠만 좋아하는 건 아니니까요. 처음에는 네트볼 하는 남자들을 조롱하는 시선도 있었어요. 고무줄이나 공기놀이를 하는 남자한테 사내답지 못하다고 놀리는 얄궂은 친구들처럼요. 그런데 그건 네트볼을 안 해 본 사람들이 하는 소리예요. 한번 해 본 사람들은 곧 네트볼만의 매력에 빠지게 되거든요. 네트볼은 포지션에 따라 역할과 활동 범위가 정해져 있기 때문에 한 명의 스타가 경기를 좌우할 수 없어요. 승리하기 위해서는 모두가 협동을 해야만 해요. 구역이 나뉘어 있어 남녀가 함께 참여할 수도 있고요. 그래서 약 10년 전부터는 남성 네트볼 경기뿐 아니라, 남녀가 섞여 함께 경기하는 혼성 네트볼 경기도 늘어나고 있답니다.

'더 높이, 더 멀리, 더 빠르게'라는 올림픽 표어처럼 스포츠는 보통 더 힘세고 강한 사람들을 위한 무대예요. 그런데 이런 식이면 스포츠는 경기하는 사람과 구경하는 사람으로 딱 나뉘어요. 약하고 느린 사람은 언제나 운동장 밖에 서서 박수만 쳐야 하는 거지요.

스포츠가 더 많은 사람들에게 다가가려면 다수가 경기에 참여할 수 있는 방향으로 규칙을 조정해야 해요. 역할을 나눈 덕분에 남녀가 함께 어울릴 수 있는 스포츠가 된 네트볼처럼요! 노약자를 위해 계단의 높이를 낮추면 모두가 다니기 편한 길이 되는 것처럼 스포츠의 문턱도 네트볼처럼 낮아진다면 더 많은 사람들이 함께할 수 있지 않을까요?

네트볼은 1998년 한국에 처음 소개되었어요. 이후 여러 체육 선생님들의 노력 덕분에 지금은 많은 학교에서 네트볼 스포츠 클럽을 운영하고 있답니다. 여자든 남자든 상관없이 많은 친구들이 학교에서 네트볼의 매력을 경험해 봤으면 해요!

웸블리와
동대문운동장

여러분은 자기만의 특별한 추억의 장소가 있어요? 바닷가라든지, 놀이터라든지. 거기에 가면 함께 놀던 친구들, 그때의 기분, 심지어 냄새까지 다 기억나는 그런 곳 말이에요! 신비하고 마법이 펼쳐질 거 같은 그런 곳!

축구를 사랑하는 잉글랜드 사람들에게는 '웸블리' 경기장이 바로 그런 곳이래요. 런던에 위치한 웸블리 경기장은 오랜 역사를 자랑해요. 처음 문을 연 1923년부터 지금까지 숱한 축구 경기를 치렀어요. 그 세월 동안 웸블리를 찾아가 축구 경기를 지켜본 사람들은 극적인 득점 장면을 곱씹고, 선수들에게 별명을 붙여 가면서 추억을 만들었지요. 보비 찰튼, 데이비드 베컴 같은 수많은 축구 스타들이 만든 기적 같은 장면을 떠올리면서요.

그렇다고 해서 웸블리가 꼭 축구팬들에게만 사랑을 받는 건 아니에요. 웸블리는 대중음악 공연장으로도 유명해요. 2018년 가을에 개봉했던 〈보헤미안 랩소디〉라는 영화 알죠? 영국의 록 밴드인 퀸을 다룬 영화인데, 마지막 장면에 등장하는 1985년 라이브에이드 공연^{당시} 에티오피아의 난민의 기아 문제 해결을 위한 자선 공연도 바로 웸블리 경기장에서 열렸 어요. 퀸뿐만 아니라 롤링스톤스, 엘튼 존 같은 전설의 음악가들이 만 든 환상적인 음향, 그리고 그 노래에 흠뻑 젖은 사람들의 숨결이 경 기장 구석구석에 남아 있다고 사람들은 믿고 있거든요. 이렇게 웸블 리는 축구로, 음악으로, 당대 사람들의 관심과 열망을 담아내 왔어요. 그래서 잉글랜드 사람들은 웸블리를, 마치 신들이 모여 사는 '신전'처 럼, 웅장하면서도 신성한 장소로 생각하게 되었다고나 할까요?

잉글랜드에 웸블리가 있다면, 한국에는 바로 '동대문운동장'이 있 었답니다! 동대문운동장은 1925년에 세워진 최초의 근대식 스포츠 시설이었어요. 많은 경기가 이곳에서 열렸어요. 나중에 전국 체육 대 회가 된 '전 조선 경기 대회', 서울과 평양의 대표가 실력을 겨루었던 '경평 축구 대회' 같은 큰 대회들이요. 동대문운동장을 지은 건 당시 한반도를 강제로 점령하고 있던 일제였지만, 경기장 안팎에서 추억 을 쌓고 이야기를 만든 건 보통 사람들이었어요. 스포츠를 사랑하는 청년들에게는 꿈의 무대를, 주변 사람들에게는 신나는 볼거리를 제 공했거든요.

해방 후 1960∼70년대, 동대문운동장은 당시 최고의 인기 스포 츠였던 고등학교 야구 대회의 무대이기도 했어요. 고향을 떠나 서울 로 일자리를 찾아 온 사람들은 고향의 고교 야구팀 경기를 찾아 응 원하며 힘을 얻었어요. 게다가 1982년에 시작된 프로 야구와 1983

일제 강점기 동대문운동장 모습.

년에 시작한 프로 축구 리그의 첫 경기들도 모두 동대문운동장에서 열렸다는 사실! 이렇게 보면 동대문운동장은 웸블리 경기장 못지않은 역사와 이야기를 간직한 한국 스포츠의 '성지'라고도 할 수 있지 않을까요?

안타깝게도 2000년대에 들어서며 두 경기장은 사라질 위기에 처했어요. 낡았으니 철거해야 한다는 얘기가 나온 거예요. 80년이나 되었으니까요. 그런데 두 경기장의 운명은 갈렸어요. 동대문운동장은 2008년 이후, 더 이상 가 볼 수도, 느낄 수도 없이, 사라져 버렸어요. 허름하고 복잡한 서울 도심을 개발해 돈을 벌려고 하는 사람들은 동대문운동장을 허물었고, 그 자리에는 동대문 디자인플라자가 새로지어졌어요. 동대문운동장이 사라지면서, 거기서 응원하던 사람들의 추억, 장사하며 생계를 유지하던 사람들의 보금자리도 함께 사라지고 말았지요. 반면 웸블리 경기장은 철거된 후 바로 그 자리에, 더 크고 화려한 새 웸블리로 다시 지어졌어요. 그런데 이상하게도 많은 잉글랜드의 축구팬들은 옛날의 웸블리를 그리워한대요. '추억이 없는 경기장은 그냥 평범한 건물에 불과하다'고 하면서요. 옛 웸블리에서만 느낄 수 있었던 아득한 향수를 더 이상 느낄 수 없다는 사실이 안타깝기 때문이겠지요?

그런 말 들어 봤어요? 어떤 장소를 무엇이 차지하고 있느냐에 따라 사람들의 움직임도, 사람들의 관계도 달라진다는 얘기. 너른 광장이 열리면 사람들이 쉽게 만나 얘기하게 되고, 담이 생기면 서로 만날 수가 없게 되는 것처럼 말이에요. 다시 문을 연 웸블리 경기장과, 영원히 사라진 동대문운동장은 런던과 서울 사람들의 생각과 행동을 어떻게 바꿀까요? 어쩌면 우리는 새롭고, 크고, 화려한 것에만 관심을 갖느라 마음을 따뜻하게 해 주는 옛 추억의 장소들을 하나둘 잃어 가고 있는 것은 아닐까요?

인생은
리그처럼!

"원수는 외나무다리에서 만난다"는 얘기 들어 봤지요? 피할 수 없는 곳에서 껄끄러운 상대를 만나 난처할 때를 가리키는 속담이에요. 그런데 스포츠 경기에서는 일부러 이런 '외나무다리' 상황을 만들어 즐기기도 해요. 바로 '토너먼트'라는 경기 방식이에요. 월드컵 축구 경기 본선처럼 진 팀은 짐을 싸서 돌아가고, 오직 이긴 팀만이 4강전, 결승전에 진출해서 최종 승자를 꼽는 방식을 말하지요.

하지만 스포츠에는 '토너먼트'처럼 냉정한 경기 방식만 있는 건 아니랍니다. 한국의 프로 야구 리그, 잉글랜드 축구의 프리미어 리그 같은, '리그' 경기 방식도 있어요. 리그란, 여러 사람들, 또는 팀들이 모여 서로 정기적으로 오가며 경기를 하기로 약속한 걸 말해요. 이번에 우리 편 경기장에서 홈경기를 하면, 다음번에는 상대 팀 경기장으로 원정 경기를 가는 방식이에요. 리그에 참여하는 모든 팀들은 정해진 기간 동안 정해진 횟수만큼 계속 경기를 이어 나간답니다.

그런데 사람들은 보통 '토너먼트' 경기에 더 열광하는 거 같아요.

물러설 곳 없는 승부이다 보니 박진감 넘치는 경기를 볼 수 있거든요. 약한 팀이 강한 팀을 격파하는 기적이 일어나기도 하고요. 그렇다면 단 한 번에 승부가 결정되는 토너먼트와는 다른, 리그 경기만의 매력은 무엇일까요?

리그 경기는 누가 이기는지 '경쟁'만 하는 게 아니라, 누가 이기든 '함께 어울리는 것'이 스포츠의 매력이란 걸 보여 줘요. 축구의 역사를 예로 들어 볼까요? 1870년대 영국에서 축구가 인기를 끌기 시작할 무렵, 축구를 좋아하는 사람들이 하나둘씩 모여 클럽을 만들었어요. 축구 경기를 혼자서 할 수는 없으니까요. 그리고 클럽들은 서로 교류하기 시작했죠. 그러다 점차 둘보다는 넷이, 넷보다는 열 클럽이 서로 돌아가며 경기하는 게 더 재미있다는 걸 알게 된 거예요. 그래서 가까운 곳에 있는 클럽들끼리 '리그'를 만들어서 1년 동안의 경기 일정을 미리 계획했대요. '이번 주에는 우리 클럽이 너희 클럽으로 경기하러 갈게, 다음번에는 너희들이 오렴!' 하는 식으로 말이죠. 그리고 홈팀은 먼 길을 온 원정팀에게 늘 따뜻한 차와 먹을 걸 대접했대요.

그래서일까요? 리그도 1등부터 꼴찌까지 순위를 매기지만, 잘하든 못하든 서로를 존중하는 모습을 보이는 거 같아요. 그래야 경기를 계속 이어 갈 수 있으니까요. 또 실력 차가 너무 커지면 균형이 안 맞으니까, 약한 팀이 잘하는 신인 선수를 먼저 뽑아 갈 수 있도록 배려하기도 하고요^{드래프트 제도}. 그렇게 1년, 10년, 심지어 100년 동안 함께 경기를 하다 보면, 영원한 1등도, 영원한 꼴찌도 없이, 그저 함께 어울리고 추억을 나누는 동료가 되는 거죠.

현대 축구의 고향인 잉글랜드의 클럽들은 지금도 옛날과 똑같이 원정팀 선수들을 위해 따뜻한 차와 과자를 대접한다고 해요. 유명 선수들의 화려한 플레이보다도, 이렇게 경기장에 찾아온 상대 클럽의 선수들을 환대하고, 연대감을 나누는 전통이 진정한 리그의 매력 아닐까요? 외나무다리에서 마주친 것처럼 상대방을 제압하기 위해 골몰하는 '경쟁'이 아니라, 경기에 참여하는 모두가 오랫동안 더불어 공존하는 '리그의 정신' 말이죠!

참고 문헌

* <u>스노보드는 겨울 올림픽의 불청객?</u>

  Holly Thorpe & Belinda Wheaton (2011). 'Generation X Games', action sports and the Olympic movement: Understanding the cultural politics of incorporation. *Sociology*, 45권 5호, 830–847쪽.
* <u>'태권도'라는 이름은 어떻게 탄생했을까?</u>

  김용옥 (1990). 태권도 철학의 구성 원리. 통나무.
* <u>두 개의 태권도 – WT와 ITF</u>

  최홍희 (1997). 태권도와 나. 다움.
* <u>스포츠 선수 해외 진출 – 손흥민, 콩 푸엉 선수는 이주 노동자</u>

  Toby Miller, David Rowe, Jim McKay & Geoffrey Lawrence (2003). The over-production of US sports and the new international division of cultural labor. *International Review for the Sociology of Sport*, 38권 4호, 427–440쪽.
* <u>대륙을 건넌 제라드의 꿈</u>

  James Esson (2015). Better off at home? Rethinking responses to trafficked West African footballers in Europe. *Journal of Ethnic and Migration Studies*, 41권 3호, 512–530쪽.
* <u>역사상 가장 당찬 세리머니</u>

  Jaime Schultz (2004). Discipline and push-up: Female bodies, femininity, and sexuality in popular representations of sports bras. *Sociology of Sport Journal*, 21권 2호, 185–205쪽.
* <u>테니스와 기사도 정신</u>

  Robert Lake (2014). Gender and etiquette in British lawn tennis 1870–1939: A case study of 'mixed doubles'. *The International Journal of History of Sport*. 29권 5호, 691–710쪽.
* <u>사륜마차와 기차, 코치와 트레이너</u>

  Dave Day (2013). Historical perspectives on coaching. *Routledge Handbook of Sport Coaching*, 5–15쪽.
* <u>이미지를 만들어 파는 스포츠 브랜드 ② – 언더아머가 말하는 애국심</u>

  Gavin Weedon (2012). "I will protect this house": Under Armour, corporate nationalism and post-9/11 cultural politics. *Sociology of Sport Journal*, 29호, 265–282쪽.
* <u>눈에 보이는 게 전부가 아니야</u>

  FIFA.com 2018 러시아 월드컵 통계자료(https://www.fifa.com/worldcup/statistics/)
* <u>기술 혁신과 기술 도핑</u>

  박보현, 한승백 (2018). 기술 진보 vs 기술 도핑: 스포츠 공정성의 사회적 구성. 한국체육학회지, 57권 5호, 93–103쪽.

사진 출처

국립민속박물관: 19쪽, 53쪽, 227쪽
몽양 여운형 선생 기념 사업회: 41쪽
연합뉴스: 29쪽, 61쪽, 64쪽, 66쪽, 73쪽, 88쪽, 103쪽, 126쪽, 129쪽, 149쪽, 187쪽, 215쪽
한국 성적소수자 문화인권센터: 137쪽

* 이 책에 실린 사진 중 저작권자를 찾지 못하여 허락을 받지 못한 사진에 대해서는 저작권자가 확인되는 대로 통상의 기준에 따라 사용료를 지불하도록 하겠습니다.